提子墨——著

TRACING THE SUN,
SPANNING OVER THE 30°N LATITUDE

一 頭 栽 進 去
用 力 戰 勝 自 己 ！

追著太陽跑，
一頭栽進去用力戰勝自己！

目次

推 薦 序 一

作家／知名背包客　Neo

　　旅行是最能加速體悟還有與自己對話的過程，而透過書寫與閱讀，那些感受得以累積、沉澱、分享以及對話。

　　相對於旅遊指引與工具書的現實死板，我更愛看的是旅行者反芻過後的浪漫，尤其是帶有個性的，帶有私房想法的，而《追著太陽跑，一頭栽進去用力戰勝自己！》就是這樣直接的，並帶著「墨」式幽默的作品。

　　墨哥追尋內心那旅行的小火苗，延燒出一段接一段的探索篇章，那些段落勾勒了風光，也沾染歷史典故，也有旅人現地挖掘的趣味（還有道道地地的鬼故事呢！），更是想法感受推砌而成的「故事」。

　　這是我第一次了解到 S.A.D.，第一次閱讀到墨哥在虛構小說之外的「真實」，透過章節翻閱過程中，我也翻山越嶺，到世界各地遊歷了一遍，不管是我未涉獵過的所在還是我曾熟悉的地點，隨著墨哥導遊的帶領下，那些相遇，

那些故事，都曖曖內含光的閃爍著，像是陽光暖暖的，也讓人期待著，期待著下一趟旅程的驚奇。閱讀完之後真讓我心癢難耐，好想趕緊開啟我下一段探索旅程！

真心推薦這本有溫度的作品，任何的沮喪與憂慮先放一旁，咱們先跟隨墨哥的文字一起出去走走吧！

我想 S.A.D. 也可以是 Start an Amazing Discovery!

推 薦 序 二

旅情推理達人　徐承義

　　旅情創作可以說是一個讓作者文字和讀者想像力相互交流激盪的舞台。不論創作內容是類型小說、散文隨筆、還是遊覽紀行，都能藉由作品這個媒介來導引閱讀者進入濃縮於書冊中的時空，連結創作者足跡行經的歷程，體驗那些曾經在現實世界的某個角落所發生的故事。眾人跟隨旅者的記憶穿梭在圖像文字轉化而成的具象情境之間，沉浸於神遊四海的獨特氛圍，我想就是旅情作品讓人欲罷不能的魅力所在。

　　而每個踏上旅途的人，驅使他們拾起行囊的動機和途中際遇也都有所不同。因此，除了引人入勝的在地風土景致描寫之外，旅者本身的觀點、意志、心境與他所接觸到的人事物之間能夠產生何種「情景交融」的化學效應，不僅是我們在品味相關作品時不可錯過的重要環節，也讓每一段旅程所記錄下的人生軌跡得以傳唱出各具韻味的故事。

　　我所認識的提子墨老師，就如同他在入圍島田莊司推理小說獎後的首次座談中給予人的第一印象那樣，是個爽朗風趣又活力十足的人。因此實在讓人難以想像眼前這個總是能量滿格的大孩子，在過去曾為季節情緒失調症所苦。上天的試煉總是來得突然，而人們總是要經過困頓迷惘，才能從濃霧籠罩的岔路中逐步摸索出適合自己的方向。試想，當你面對困境時，又會為自己的未來做出什麼樣的選擇？

　　提子墨老師選擇在每逢凜冬到來之時啟程，追尋著太陽的軌跡走訪一個又一個能夠融化冰封心靈的大小城市。我在結識老師一段時間後才得知這段不久前的往事，在訝異之餘，卻也認為這種迎戰負能量的方式十分具有他的風格。

儘管本書收錄的十八段旅程被他戲稱為「脫逃之旅」，但是我們在過程中絲毫感受不到消極逃避的負面情緒，取而代之的是一個四處奔馳、充滿好奇心的孩子，熱切期盼能飽覽不同的風土文化在這片大地所留下的璀璨事物。他順應了自我內心深處對生命的渴望所留下的指引，在充實的旅途中逐漸啟動了人類本能的療癒機制。

大航海時代的探險家們，總是相信位於海平線另一頭的會是充滿無限驚奇的神祕國度，才能堅定信念，持續在未知的海域上勇敢前進。基於相同的正向思維，提子墨老師也在追逐太陽的路途中充分吸納變化萬千的自然人文帶給他的滋養，不但成功治癒一時疲憊的心靈，也將行旅世界徹底融入自己生命的核心，並成為他日後豐沛不絕的創意泉源。在目前已經推出的《熱層之密室》和《火鳥宮》，我們已經能看到不同層次的相關意象呈現。每當他興致勃勃地和眾人分享一連串新作的內容時，也總是讓我們從這個追著太陽跑的大孩子身上看到他對創作的熱愛以及令人稱羨的盎然生命力。現在就讓我們拿起這本書，一起感受燦爛陽光賜予的珍貴恩惠吧！

徐承義（kaoru）

以結合地域風土景緻的作品為精神食糧的旅情創作愛好者。喜愛收集並解析旅情推理，期許未來能向大眾分享閱讀旅情推理的樂趣。

自序　從北緯三十度以北，
啟航尋找快樂

季節性情緒失調（Seasonal Affective Disorder / S. A. D.）也稱為「冬季憂鬱症」，
是一種感情或者情緒上的失調症狀。S. A. D. 患者在一年中大部分時間都有良好
的健康狀態，只有在北半球的冬季或南半球的夏季會感到憂鬱徵狀。雖然熱帶地
區 S. A. D. 存在的例子很少見，但是在北緯三十度以北或者南緯三十度以南的地
區，S. A. D. 顯著存在。

——節錄自《維基百科》

　　我居住的這個城市，曾經連續多年被聯合國和多家歐美雜誌評選為「全球
最適合人類居住的都市」，許多朋友得知我移居溫哥華二十多年，也常會露出
羨慕的眼神，彷彿我來自一個不食人間煙火的世外桃源，肯定過著無憂無慮神
仙般的生活吧？

　　我的回答總是帶著點不肯定：「是，也不算是……」

　　因為，那是一座位於北緯三十度以北的北國之都呀！精確點來說是在北緯
四十九度上方。它在夏季是個「晝長夜短」的花園城市與玩樂天堂，每天清晨四、
五點太陽就上山，直到晚間十點多才會在夕陽餘暉中轉為黑夜。

　　初抵溫哥華留學的幾個月，我常會依然故我告訴自己：「太陽下山後才寫作業吧！再多打一會球、再多看一下電視……」殊不知每當夜幕初落時，早已是入夜十一點多了！

　　然而，它在冬季卻又是另一番「晝短夜長」的景象，通常早上八、九點天邊才會透出魚肚白，但是下午四點鐘左右太陽就提早收工了。對於曾經是電玩業上班族的我來說，冬日清早出門時街頭仍是一片昏暗，大部分的路燈也依舊未滅；下班後從蟄伏八個多小時的辦公大樓走出，才驚覺原來外頭早已是冰冷漆黑的夜街了，胸口常會頓時浮起一股空心的落寞感。

　　二○○七年初，當我的家庭醫師告訴我，我可能罹患 S.A.D. 時，我對「季節性情緒失調」這名詞一點概念也沒有。直到他說明那是一種「冬季憂鬱症」，是「北緯三十度以北」或「南緯三十度以南」那些冬季缺乏陽光的都市，非常普遍的一種季節性疾病。我才恍然大悟自己竟然得了某種奇怪的憂鬱症？那麼粗枝大葉的我、那麼熱情開朗的我、那麼樂於散播歡樂與笑聲的我……怎麼會成了 S.A.D. 患者？

　　我有長達四、五年的冬季，必須服食一種叫 St John's Wort 的德國草本抗憂鬱草藥，每日還要花至少半個小時，坐在一盞特殊的 S. A. D. 太陽燈底下療癒，看起來活像一盆懶洋洋的植物在行光合作用。但是，唯有如此才能讓我擺脫那種無力起床、沒有心思創作、不想接觸人群、不在乎人生目標的「內在能量危機」。那種無端的失落感曾經整個冬季佔據心頭，甚至提前自初秋、延長至入春。

　　我當時不斷告訴自己，我必須尋找一個讓自己快樂的方法，一種讓自己的心靈電池重新滿格的充電途徑。我審視著過往人生中最嚮往的是什麼？繪畫、寫作、玩樂器或打電動？但是晝短夜長的冬日一到，我全都提不起勁去碰了。我的腦海中突然閃過了一個有點陌生的字眼——「旅行」，一種如植物趨光本能般的。脫。逃。

　　我開始在秋末至初春期間，為自己安排了大大小小逃離冬日的旅程，一次次尋找心目中充滿陽光燦爛的城市。

　　從開車可抵達的小城小鎮，到搭飛機航向北緯三十度以南的國度；從一望無際的歐肯納根沙漠、艷陽高照的奧索尤斯、壯麗驚豔的哥倫比亞冰原、牛仔奔馳的卡加利、充滿法語區風情的蒙特婁、帶著濃濃英倫色彩的維多利亞……一路尋訪到馬尼拉的西班牙古城、花之島與神之島的峇里島。

　　我將每一次的旅行以文字、相片記錄了下來，因為那些旅程除了是我出逃冬日、追著太陽而跑的紀行，也曾經是我用來療癒冬日憂鬱的心靈歷程。雖然如今已有好幾個冬季充實得沒有時間再去低落了，S. A. D. 莫名空虛的徵狀也不曾再浮現過，但是我卻無法停止繼續尋訪每一座充滿陽光的城市。

　　希望你也能從每一篇旅遊行腳的字裡行間，感受到我想傳遞的日照感、生命力與正能量！

奧索尤斯紀行

01

（北緯）49° 1' 56 " N　（西經）119° 28' 5" W
Town of Osoyoos, BC, Canada

（北緯）49°1'56"N　（西經）119°28'5"W

奧 索 尤 斯 紀 行

Town of Osoyoos, BC, Canada

第一次向某位洋同事聊到我的「冬季憂鬱症」時，
她拍了拍我的肩膀微笑地說：「去吧，去一趟歐肯納根沙漠！看看陽光普照的河
川與峽谷，在綠洲小鎮基隆拿或奧索尤斯住一陣子，你會沒事的！」

原來，
她也曾是個 S. A. D. 的過來人。

　　提到北美的沙漠區，許多人想到的可能是墨西哥北部的吉娃娃沙漠
（Chihuahua Desert）、美國西南部的索諾蘭沙漠（Sonoran Desert），或是南
加州的莫哈維沙漠（Mojave Desert）。但是鮮少人知道，在寒帶北國的加拿大，
居然也有一大片灌叢草原的歐肯納根沙漠（Okanagan Desert），它就位於許多
亞洲人所熟知的「卑詩省（British Columbia）」。

　　這片沙漠就在奧索尤斯湖（Osoyoos Lake）與歐肯納根湖之間，早期的原
住民稱它為「Nk'mip」。它是省內最炎熱乾燥的地區，也是全加拿大降雨量最
低的區域。夏季午後的氣溫可高達攝氏四十多度，而沙漠中常出現的仙人掌、
山艾樹、響尾蛇或黑寡婦蜘蛛，在這片北國的沙漠中也隨處可見。

　　奧索尤斯的居民原屬北美原住民的一支部落，因此這個發音奇特的地名當
然也是原住民語，其含意為「水域變窄處（The Narrowing of the Waters）」。

這個在沙漠中偏僻的部落，經歷過百年前與歐洲毛皮商人的貿易交流，以及卑詩省的「新金山」淘金時期，才漸漸帶動了沙漠小鎮的繁榮發展。現在的奧索尤斯已經是處處充滿酒莊、果園、葡萄園、渡假酒店與高爾夫球場的渡假區了！

這些年來，我進出歐肯納根沙漠不下七八次了，但還是第一次將行駛路線改為從加西海岸向東行駛，先造訪奧索尤斯後，才朝北方跨越沙漠與峽谷，前往我所熱愛的綠洲基隆拿（Kelowna）與蜜桃地（Peachland）。

雪季過後的初春，我們從溫哥華出發，途經菲沙河谷（Fraser Valley），穿越過一座座依然白雪皚皚的雪山後，開始朝著沙漠的邊緣前進。這麼多年了，我依然會被車窗外變化萬千的景緻驚艷與感動，看著針葉林參天的寂寞公路，霎時轉變為雪山環繞的山路，又變換成充滿矮叢與仙人掌的黃土荒漠，在不到半天的時間裡，就看盡了大自然與四季變幻的奇景。

我們大約下午三、四點抵達奧索尤斯，從充滿冷氣的車內一打開門後，一股燥熱的空氣迅速爬上皮膚的每一吋毛細孔，不過很快也就習慣了那種乾燥與高溫的環境，甚至還不斷催眠自己，這種宛如 SPA 乾蒸房的感覺，才有渡假的Feel 嘛！

　　在這座總人口不到五千人的鎮上，由於陽光、沙地與先進的引水系統，造就了近二十間酒莊與酒廠的興盛，也成為卑詩省冰酒與葡萄酒的著名產地之一。其中又以 Nk'Mip Cellars Winery 最為知名，也曾在我的推理小說《熱層之密室》中特別介紹過。

　　它是北美第一間由原住民所經營的酒廠，所生產的葡萄酒卻一點也不含糊，無論是白比諾（Pinot Blanc）、黑比諾（Pinot Noir）、霞多麗（Chardonnay）、雷司令（Riesling）、梅洛（Merlot）與卡本內弗朗（Cabernet Franc）……這間原住民酒莊全都一應俱全。

　　我們的第一頓晚餐就在這座酒莊的露臺上，一邊欣賞著牧溪（Rancher Creek）的美景，一邊品味著他們在 2013 Jerry D. Mead New World International Wine Competition 獲銀牌獎的白比諾，然後享用酒莊大廚 Chef McNulty 菜單上的「菲沙河谷煙燻嫩鴨」。不過那菜名還真是讓我有些疑惑，難道真是從菲沙河谷抓來的野鴨嗎？

　　第二天的行程，我和友人們除了參觀沙漠文化中心，還玩了一趟不曾體驗過的「走騎沙漠」！說實在，那和我心目中的景觀有點不太一樣，因為那裡並沒有層層疊疊的沙丘或海市蜃樓，大多是充滿仙人掌與山艾樹的黃土地；而我騎的也不是什麼「哭泣的駱駝」，而是一匹愛噴口水的暴牙小棕馬。

聽說歐肯納根沙漠最美麗的時段，就是日出與日落的前後時分，欣賞著湛藍、粉紅、鵝黃或橙橘色的霞光，變化無窮映照在黃土地上，的確令人畢生難忘。

我們一行人跟著馬場主人緩步走騎在枯黃的草原上，看著帶點橙色調的峽谷景色，我的腦中並沒有「喜多郎」空靈飄渺的沙漠音樂，反倒響起了那種「黃昏雙鏢客」或「萬寶路」美國西部牛仔的雄壯口哨樂聲。尤其是看到峽谷環繞的山頭時，還會幻想強尼戴普所演的湯頭（Tonto）或獨行俠，會不會突然佇立在上面？

不過自從馬場主人隨口提及，大家還是要小心草叢裡的響尾蛇後，我這「恐蛇症」的死老中，從此就雙腳不敢落地了，心裡還不斷嘀咕：「為什麼派給我一匹腿那麼短的馬？」這樣我和地面根本就沒有什麼安全距離嘛！

他又附帶說明，許多人都認為聽到響尾蛇的「蛇環」聲響時，馬上離開它的警戒範圍不就沒事了吧？其實有些年幼的響尾蛇在尾巴未長出蛇環之前，並不會發出任何警示聲響，因此通常就是以劍及履及的迅速還擊呀！

當他講到這裡時，我這膽小鬼的雙腳早已快翹在馬背上了。

途中最讓我訝異的是，巧遇到幾隻荒漠裡的貓頭鷹！不過並不是佇立在樹枝上或住在樹洞裡，而是另一種在漠地挖洞穴居的貓頭鷹！它們最神奇的「才藝」，就是受到人類驚擾或野獸攻擊時，會發出一種酷似響尾蛇搖尾的警告聲響，以魚目混珠的山寨響環聲驅離入侵者，讓人不禁嘖嘖稱奇造物者的巧思。

當然，在日頭炎炎的荒漠騎完馬後，我們也沒有錯過跳進湖水中清涼一下，一邊享受著高溫下的陽光燦爛，一邊漂浮在冰涼的湖水上小憩。如果你喜歡釣魚，奧索尤斯湖裡還有肥美的鱸魚、鱒魚或紅大麻哈鮭魚（原住語：Kokanee），在湖邊釣魚與圍爐烤魚也是當地觀光客們熱愛的戶外活動之一。

　　當然別忘要釣魚之前，必須先到釣具行申請購買一張臨時釣魚證，因為在加拿大魚類被列為是保育物種，唯有原住民們才不需要申請釣魚證，畢竟這片土地本來就是他們祖傳的漁場與獵場。

　　此次跨越沙漠的主要目的就是要前往蜜桃地，與早已在「歐肯納根湖國家公園」紮營的羅布森家族會合！對那個家族的友人來說，露營就是他們每年春夏季的家庭聚會型態，因為在這沙漠綠洲的外圍，秋冬時常會因大雪而封路，導致無法自由進出漠外的城鎮。因此分散於夏日地（Summerland）和基隆拿，甚至是溫哥華的家族成員們，一到春夏幾乎每個週末都會在兩地之間的蜜桃地野營。

　　看著大夥開著自家的露營休旅車，在素有「水怪湖」之稱的歐肯納根湖畔搭起大大小小的帳篷，男性們忙著升火烤肉，女性們陪著孩子游泳消暑，老人家們則聚在道格拉斯杉下閒話家常，熱鬧的陣仗就像一場森林中的園遊會。

　　卑詩省夏季時晝長夜短，每天早上四點多天色就已是魚肚白，直到晚上十點左右太陽才會下山，的確是個非常適合戶外活動的聖地。當夜幕低垂時，環繞在歐肯納根湖區的幾座綠洲城鎮，也亮起了稀稀疏疏的燈火，那些在水面上搖曳的波光倒影，美得宛若漂浮在湖水上一朵朵的荒漠之花。

　　那兩晚，在月圓的星空下，我們三三兩兩圍坐在營火邊聊天，看著月光寧靜地灑在平靜的湖面上，有時水面上幾乎沒有波光粼粼的閃動，只有一道銀白寧靜地躺在湖水中，彷彿就像通往原住民古老神話的水月之路！也難怪這種充滿神祕祖靈氛圍的景色，會流傳著那麼多雷鳥、狼人或山精水怪的圖騰傳說。

　　我們在國家公園的營區度過了一個很野味的週末，隨後也造訪附近的蜜桃地小鎮。那天小鎮突然湧入一大批騎著哈雷重機、手臂上佈滿刺青骷髏、身上

穿著酷炫皮衣皮褲的「老爹和大嬸」，看起來挺像傳說中退休的「地獄天使（Hells Angels）」飛車黨。

說真的，在攝氏四十多度的氣溫下，看著老人家們硬是穿著充滿鉚釘的皮衣耍帥，汗水淋漓的我也不禁肅然起敬。從他們與友人的言談中才得知，原來這群身材走樣的「不老騎士」，是從加拿大中部的草原省份（Prairie），翻山越嶺長途跋涉來到西岸觀光，雖然陣仗看起來就像是要打劫這個沙漠小鎮，不過倒也讓我們大開了眼界，見識到許多經典的哈雷重機。

蜜桃地的「湖畔客棧（Gasthaus on the Lake）」，是當地人推薦我們用餐的德國餐廳，它也是一座充滿渡假風情的城堡主題餐廳。客棧由室內到花園全都是走中世紀風格，從餐廳內古老且巨大的石砌壁爐，到滿屋子的武士盔甲、盾牌、寶劍、旗幟或懸空的鑄鐵燭台，全都是店東之一的 Jörg Hörath 多年來的古董收藏品，有些甚至超過百年歷史。

　　這間餐廳最富盛名的就是他們的「中世紀盛宴（Medieval Feast）」，只要你的生日或聚會的訂席人數超過十人以上，那麼他們就可為你舉辦一場古老歐洲的圓桌武士餐宴，除了侍者們會搭配主題穿上歐洲男女僕的裝束，餐廳也提供壽星與賓客們各類國王、武士、修士或宮女的 Cosplay 服裝。

　　那種中世紀盛宴的排場，不但是賓主與貴客們被裝扮得有模有樣，就連大部分的餐點也完全使用古法烹飪。舉如餐前的湯品就是以老式的銅水桶，放在那座超大的古老壁爐內熬煮；主菜則是用一只超巨型的鑄鐵平底鍋盛裝，容器重到需要動用兩位精壯男子抬著上菜。

碩大的鑄鐵鍋裡滿是琳瑯滿目的德式香腸（Bratwurst）、烤豬（Roast Pork）、牛肋排（Beef Ribs）、燻豬肉（Smoked Pork）、炸肉排（Schnitzel）、雞／鴨／豬肋排（Chicken, Duck and Pork Ribs）。假如你是素食者或節食者，那麼對不起！這套中世紀盛宴並沒有太多的蔬菜水果，完全是遵循古老歐洲武士們豪飲暴食的豪邁精神，所量身訂作的「肉肉大吃會」。

當然，你也可以像我那樣，與朋友們幽雅的坐在戶外的德式花園裡，在豔紅的九重葛樹蔭下用餐。他們的菜單上除了有道地的德國啤酒與燒烤美食，也還是有許多符合大眾口味的美式餐點。在這荒漠綠洲的湖畔，能有這麼一間充滿古老歐洲風情的主題餐廳，也算是慰藉了我那吃了好幾天野營 BBQ 的五臟廟。

當我們抵達最終點的基隆拿後，便下榻於親友的湖畔花園別墅裡，地點就位於知名的「傳教山酒莊（Mission Hill Winery）」下方。對於從小就在水泥森林裡長大的我而言，一見到客房窗外是一望無際的水怪湖時，我心中那個穿著小蓬裙的「小女孩」，竟然興奮地雀躍不已，連續四天常會倚在窗邊盯著湖面端詳，期待真能拍到原住民傳說中那頭叫「歐戈波戈（Ogopogo）」的遠古龍王鯨。

不過除了水怪之外，親友屋後那片自家的果園與葡萄園中，三不五時也常會有鹿群、郊狼、浣熊、狐狸、紅腹知更⋯⋯輪流現身，還有許多不知名的蟬鳴鳥叫，還真讓人有一種置身於白雪公主森林的錯覺。

　　這一次造訪基隆拿時，也發現這個寧靜的城鎮多了好些新居民或 B&B 民宿，聽說有許多退休的夫妻檔賣掉了都市的房子，移居到這處沙漠綠洲，或許是乾燥的氣候與陽光燦爛的美景，讓這裡成為有錢老人家們退休後的渡假樂園！

　　如果你有計劃造訪加拿大，那麼千萬不要錯過奧索尤斯湖，與歐肯納根湖之間的這一片沙漠、峽谷與綠洲，在這片素有卑詩省水果籃的祕境裡，走訪大大小小的果園與酒莊，肯定能顛覆你對加拿大的刻板印象。

02

牛仔節 咿哈！卡加利

（北緯）51° 03' N （西經）114° 04' W
City of Calgary, Alberta, Canada

（北緯）51° 03'N　（西經）114° 04'W

咿 哈 ！卡 加 利 牛 仔 節
City of Calgary, Alberta, Canada

記憶中，有兩把竹筷子手槍，我和弟弟總喜歡學西部牛仔，背道而行在大太陽底
下決戰，走十步後一個轉身就將橡皮筋射向對方的大腿上，然後兩個人笑著、鬧
著疼得唉唉叫！想不到長大後，我竟然真的造訪了一座充滿牛仔好漢的城市，艷
陽下沒有想像中的雙槍決戰，只有一場場汗水淋漓的馬術競技……

　　就像我之前提及的，許多觀光客會先入為主認為——加拿大不就是個白雪
皚皚的北國？卻不知道原來它也有一大片沙漠與綠洲！而聊到西部牛仔時，常
有人以為那是美國南方獨有的景緻，卻忘了樓上的加拿大人也在養馬畜牛，理
所當然也有所謂的牛仔風光。

　　而李安導演的電影「斷背山」，其實就是在加拿大亞伯達省的「卡納納斯
基斯（Kananaskis）」與「卡加利（Calgary）」所取景拍攝，而不是原著中的
美國懷俄明州的小鎮。因此，如果你想一覽電影中那些壯麗的好山好水，與威
猛剽悍的牛仔帥哥，那麼可不要跑錯地方了哈！來一趟卡加利準沒有錯！

　　當然，卡加利並不完全是靠懷舊的牛仔景緻來拉攏觀光客，它脫下性感的
牛仔裝和皮帽後，其實是一個以「能源」起家的新興摩登城市，也是加拿大出
產石油與天然氣的暴發戶之都，許多以石油致富的產業所聚集的集散地，因此
摩天大樓才會一棟棟平地而起。

　　來到卡加利的市中心，就屬「史蒂芬大道（Stephen Avenue）」最為熱鬧，它在日間時段是一條長長的行人步道區，只有晚上六點至清晨六點才能通行車輛。因此，在這條大道上聚集了最貴氣與最知名的餐廳、酒吧、飯店、藝廊、咖啡廳、名品店、百貨公司與會展中心。

　　許多人會好奇史蒂芬大道上有好幾座巨大的「鋼鐵樹（The Steel Trees）」，高聳的白色骨架看起來就像是裝置藝術，其實它們不僅僅是用於美化市容，還有非常特殊的功能！就是用來減少該區段摩天大樓之間的陣風，與降低瞬間強風的風阻係數。這些宛如「傑克與碗豆」的巨藤樹造型，儼然成為卡加利市區非常獨特的地標了。

　　在史蒂芬大道之外，還有一些蠻特殊的景點，譬如「泥盆紀花園（Devonian Garden）」就是個很吸引人的必遊之地，它是一棟占地兩英畝半的封閉式玻璃建築，種植了兩萬多種來自世界各地的植物。在這座巨型的玻璃暖房裡，就算外面正是冰天雪地的嚴冬，訪客們依然可以漫步於熱帶雨林間，欣賞著活生生的豔麗植物。

　　當然，每一座大城市好像都少不了一座代表自身風格的觀景塔，感覺上這已成為一種表彰都會形象的象徵？卡加利的確也有一座「卡加利塔（Calgary Tower）」，還有個和名犬撞名的舊稱「哈士奇塔（Husky Tower）」！聽說應該是 Husky 能源公司，當初贊助過該市的都市更新計畫，因此才會以那個帥帥的名稱冠名過一陣子！

　　我每到一個國家或城市觀光時，常會有一種絕對要登上當地觀景塔的強迫症，因為唯有登高而望之才能飽覽到方圓之外的鳥瞰風光嘛！不過，幾次造訪卡加利時，我都未曾登上該市的觀景塔，因為它的高度只有一百九十多米，而且外觀酷似一支工業用的煙囪，上面頂著一只其貌不揚的紅色蛋糕盒，讓我完全沒有慾望步入那座塔。畢竟該市的許多摩天樓比它高出太多了，酒店房間內的景致可能都比它還居高臨下吧！

1 ~ 6　Calgary Stampede - Media Resources 提供／公關宣傳照

　　所以，我的小貼士是，只需遠觀那只突兀的空中蛋糕盒即可。

　　如果你是熱愛人文與美術的旅行者，那麼市區裡還有「卡加利美術館（The Art Gallery of Calgary）」和「格林堡博物館（The Glenbow Museum）」，這些景點只要是下榻於市中心都可輕鬆地散步造訪。卡加利曾是一九八八年冬季奧運的主辦城市，因此在市中心也有一座奧運主題的「奧林匹克廣場（Olympic Plaza）」，提供戶外滑冰場與假日表演活動。

　　我個人認為卡加利最熱鬧的時節，當屬每年舉辦的「卡加利牛仔節（Calgary Stampede）」，它亦是美加兩地牛仔帥哥與辣妹們朝聖的重要慶典。看著許多居民與觀光客不約而同戴上象徵卡加利牛仔精神的「白色牛仔帽」，或是當地原住民身著色彩繽紛的傳統服飾，我也不禁想學著牛仔們鬼叫好幾聲「咿哈！（Yee-Haw!）」

　　前幾年赴卡加利旅遊過多次，不過我還是首度跟著朋友們到陽光燦爛的牛仔城湊熱鬧，或許是想在北緯三十度以北的加拿大，尋找到另一處自駕就可抵達的陽光城市，吸收足夠的日光為即將來臨的秋冬充飽能量吧！

　　這個牛仔盛會從一九一二年至今，已經舉辦過一百多年了！就如同廣告詞上所宣傳的「地球上最棒的戶外秀（The Greatest Outdoor Show On Earth）」，它是為期十天十夜的牛仔盛會，日程共分為七大部分：牛仔節大遊行（Parade）、牛仔競技賽（Rodeo）、牧場德比馬賽（Rangeland Derby）、大型露天表演（Adrenaline Ranch & Grandstand Show）、遊樂場（Midway）、

3

追著太陽跑，
一頭栽進去用力戰勝自己！

市集（Market）、動物與農展（Animals & Agriculture Exhibition），以及大大小小一千多種與牛仔相關的活動。

牛仔節大遊行

通常是在開幕首日舉辦，絡繹不絕的遊行隊伍至少延伸兩、三英里，由當屆的遊行元帥（Parade Marshal）與世界級的牛仔節冠軍選手領頭陣，帶領著來自世界各地的牛仔團體、各種族裔的樂隊、原住民的舞蹈與牛仔風情的花車……熱鬧非凡！二〇一一年，英國皇室的威廉王子與凱特王妃也曾出席這一場遊行，聽說當年曾湧進超過四十二萬人次，無形中也為這個牛仔節打響了國際知名度。

另外，每年的卡加利牛仔節前夕，主辦單位也會選出「牛仔皇后」與「牛仔公主」，亞伯達省的五個原住民部落更會選出自己的「原住民公主」，這三位牛仔皇室的成員也將是活動期間為牛仔節造勢與宣傳的靈魂人物。

牛仔競技賽

這項傳統比賽分為兩大方向，一種就是人與馬之間的競爭，另一種則是人與牛的角力。在競技賽期間每天下午一點十五分起，來自世界的牛仔選手就聚集在競技場上，挑戰各式各樣的牛仔技藝項目，參賽者的激烈競爭就是為了要晉級周末時的最後決賽，爭取超過兩百萬美元的各項獎金，甚至有可能被遴選為「蓋伊 · 偉迪克獎（Guy Weadick Award）」的牛仔最高榮譽獎得主。

牛仔競技賽的項目包括：騎蠻牛、繞木桶、扳小牛、套牛犢、馴騎有鞍野馬，以及難度最高的無鞍野馬。當然這些賽程中也另闢了少年組，讓小朋友們挑戰騎小牛、賽小馬、馴騎有鞍野馬與無鞍野馬。

牧場德比馬賽

　　如果你想在看台上感受萬馬奔騰時所帶來的震撼，那麼記得一定要去觀賞那幾場驚心動魄的西部篷車賽！感受幾十台參賽篷車與上百匹駿馬激烈的競爭！這一項比賽是為了爭取晉級半決賽與總決賽的資格，每一隊的成員大多是由牧場老闆與多名篷車駕手所組成，就為了要爭得獎金一百一十五萬美元的冠軍！

　　篷車比賽現已被美名為「牧場德比馬賽」，通常是由一名駕手控制四匹賽馬，並由二至四位外部接力駕手輪流登車競技。他們必須完成半英里的賽程，

6

在篷車上會有象徵火爐的木桶，而途中會出現許多障礙物，如果篷車上的木桶掉落車下，那一組就會淘汰出局。

它又被稱為「半英里地獄（Half-Mile Hell）」，早在機械式賽車未面市前的一九二三年，就已經風行於卡加利。聽說它是蓋伊・偉迪克所發明的極限競技，從早期六台篷車爭奪最高獎金「兩百七十五美元」，直至現今是三十六台篷車挑戰獎金一百多萬美元的激烈戰況！

露天表演

卡加利牛仔節的戶外表演有「腎上腺牧場」，與每晚由 TransAlta 擔綱的大型群星演出。所謂的腎上腺牧場，就是以極限運動為主軸的表演項目，他們是由一群世界紀錄保持者所組成的團體──「終極演化（Evolution of Extreme）」，在水陸區域與高台表演場上，進行一場場出生入死的搏命演出。

終極演化，是由知名的極限運動家基斯・賽耶斯（Keith Sayers）和伊維・基尼沃爾（Evel Knievel）所領軍。他們已經連續五年參與這個牛仔節，除了有 XGame 的金牌得主希思・弗里斯比（Heath Frisby），表演傳說中的「雪地車後空翻」絕技。還有金氏世界紀錄保持人寇蒂・埃爾金斯（Cody Elkins）的摩托飛車表演，他每次的壓軸戲就是從高塔舷梯上飛車橫跨多輛保時捷、賓利、福特和 SportChassis P2！

每晚的 TransAlta 演唱會，則是由上百名的年輕加拿大舞者，搭配歌手與樂團的華麗歌舞演出。其中也穿插了「火箭女郎（The Rockettes）」精采的性感歌舞、原住民五彩繽紛的舞蹈、亞伯達芭蕾舞團、馬術隊與儀隊的列隊演出……。在看完每日精采的牛仔與蓬車賽事之後，盡情享受這些五光十色的大型表演，的確也可放鬆一下賽程中緊張的心情！

遊樂場與市集

展會期間的中途島遊樂園，也是卡加利牛仔節的重頭娛樂之一，除了琳瑯滿目的遊樂設施，遊樂園內還有兩座巨型的帳篷提供歌手們輪番上陣表演，一座是鄉村音樂的主題演唱館，另一座則是可口可樂的巨星舞台，每晚提供多場搖滾和流行音樂演唱會。知名的歌手加斯・布魯克斯（Garth Brook）和海灘男孩（The Beach Boys），都曾受邀參與過卡加利牛仔節一百周年的巨星演唱會。

在會場的西北角則有一座占地三萬八千平方米的「牛仔市集」，有兩百多家與牛仔相關的藝品、食品、玩具及飾品攤位。無論你是不是個「牛仔控」，都可以在這個市集買到各種與西部牛仔有關的商品！就連我這個「都市鄉巴佬」也在市集內買了兩頂牛仔帽、一雙牛仔皮靴、四件很男人味的格狀襯衫，以及多條西部風的方巾……還差一點入手買了一頂非常適合當客廳擺飾的皮製馬鞍！

那座市集根本就是瞎拼族的禁區，完全會情難自控買到欲罷不能，直到被同行友人拖出去後，我的腦袋才逐漸從誘人的皮革味中甦醒！

而純展覽的區塊除了有五大部落的原住民戶外展區，還有牧場的傳統牛仔工藝與馬蹄鐵製作過程的展區！當你一腳踏進原住民的展區時，會有一種被拉回到三、四百年前美洲大陸的錯覺，因為現場到處都是身著各族傳統服飾的原住民，與許許多多巨型的「梯皮（Tipi）」帳篷，每個部落的梯皮都有自己獨特的配色與圖案，令人看得目不暇給！

　　梯皮是一種圓錐狀的帳篷，通常是由樺樹皮或獸皮所製成，它是早期北美原住民們的遊牧居所。古時候的梯皮是由數十根樹幹交叉固定成圓錐狀，再以樹皮或獸皮層層包覆，只開放最頂端的通風圓口，作為煙囪與換氣之用途。

　　因此，就算在梯皮內升火、圍爐或烹飪，也不會一氧化碳中毒，就類似蒙古包那樣有冬暖夏涼的效果。現代的梯皮帳篷則改良成防水帆布了，不過下雨或下雪時就不需擔心會有水患，看得讓人也想買一頂作為野外露營時的另類帳篷呢！

　　另外，在拜訪這類原住民展區或原住民保留區時，我都會非常注意自己的用字遣詞，盡量避免使用「紅番」或「印地安人」之類的字眼，省得遭來某些原住民的白眼球。畢竟他們的祖先本來就不是來自印度的 Indian，那只是當年發現美洲大陸的船員荒謬的誤稱。再則，他們的皮膚根本就不是紅色的，頂多是比亞洲人稍微古銅的膚色。

　　當你有機會來到北美觀光，甚至有幸拜訪原住民保留區時，請記得尊重這片美洲大陸的原始主人，那麼就從該如何稱呼他們做起吧！我通常會以部落族名來稱呼，例如：舒斯瓦普（Shuswap）族人或賽埃艾利克斯（Syilx）族人，如果不知道對方所屬的族裔，那麼就使用比較淺顯與普遍的用法，稱他們為 Native 吧！

03

漫行 北美小巴黎浪

（北緯）45° 30' N （西經）73° 34' W
City of Montréal, Québec, Canada

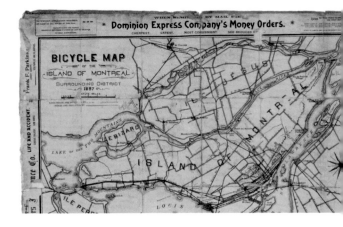

（北緯）45°30'N （西經）73°34'W

北 美 小 巴 黎 浪 漫 行
City of Montréal, Québec, Canada

他們說，在遙遠的加拿大東岸有一座城中有城的「雙城」，每當地面之城大雪紛飛之際，人們便走進地底之城，那裡有公寓、旅館、銀行、商辦區、博物館、購物中心、地鐵與火車站，甚至曲棍球場。人們在陽光稀薄且短暫的漫漫長冬，為自己建構了一座充滿光線的地宮。

假如你的旅行社幫你安排加拿大之旅時，行程中卻沒有囊括美麗之省（La Belle Province）「魁北克（Québec）」，那麼你的這趟旅行只能算看過半個楓葉國度而已，所造訪的也僅是英語區的幾個城市，而沒機會體驗法語區那種精緻與浪漫的法蘭斯風情了！

當然，我那些英語區的加拿大朋友們常會調侃地說：「他們魁北克人說的法語，和巴黎人說的法語有差啦，那只能算是魁北克話（Quebeque）罷了！」言談之間可聽得出這兩個語區的加拿大人，彼此之間若有似無的心結。

這可能也和幾十年以來該省曾多次爭取獨立，所帶給英語區居民的一些負面觀感。而其中也包括了「官方語言」上的意見分歧。按照常理，整個加拿大各省所販賣的商品，都明文規定必須同時印有英語與法語兩種官方文字，不過我們在魁北克省旅遊時，卻發現法語區的人們並不是很樂意在產品或標誌上附加英文。

　　更別説是口操英語囉，他們的理由是保護這個碩果僅存的法語省份，避免被外來的語言改變了他們的母語。因此，來到魁北克省旅遊時，還是要有「英語無用論」的心理準備，畢竟你不會看到太多雙語的路牌或指示牌。

　　就像我的幾次法語區旅行中，如果是同行的洋朋友們出馬用英語問路或購物，許多魁北克人總會露出一副完全聽不懂的模樣，甚至聳聳肩轉身就離去。但是換成我這個亞洲長相的男子，用英語詢問相同的事情時，你會發現大多數的魁北克人多能講上一口不差的英語，只不過是不願意在英語區的加拿大人面前「露餡」，那麼不就長了對方官語的優越感嘛！

　　儘管這只是兩個語區之間的小芥蒂，不過怎麼也無法改變法裔加拿大人的老祖宗，才是最早移民到這片土地的歷史事實。他們早在十六世紀就從法國遠渡重洋，與北美的原住民們作毛皮交易、通婚，最後進而移居至此。眼見後期大批的英語系歐洲移民湧入，英語又成了大多數人口所説的語言，為數較少的法裔人士當然更堅持要維護自己的母語，與自成一格的法式傳統。

　　魁北克省較知名的城市包括省會「魁北克市」，與省內最大的城市「蒙特婁市（Montréal）」，而其中又以蒙特婁的名氣最為響亮。它是加拿大藝術、

流行、設計人才薈萃的重鎮，亦是航空、金融、設計與電影工業興盛的集散地。蒙特婁是巴黎之外全球第二大的法語城市，亦是被聯合國教科文組織所認定的「設計之都」。

在前後兩個世紀華人移民潮期間，早期廣東沿海來的鐵路工人，與中期的港澳移民都稱它為「滿地可」，其後也有台灣來的移民喚它為「蒙特婁」，直到最近十多年中國移民劇增，它則又多了一個「蒙特利爾」的美名。無論是哪一種中國方言的音譯，其實它所指的都是這一座美得令人動容的「小巴黎」！

説到小巴黎這個暱稱，我不得不承認，蒙特婁的市民算是全加拿大最懂得穿衣哲學的族群，在這裡比較少見到北美中壯年男子一層不變的牛仔褲配 T 恤，而年輕人的身上也看不到怪異的垮褲寬衫，或是那種半條內褲外露，自以為新潮的街童裝扮。在蒙特婁比較常見到的，反而是穿著貼身棉衫（Muscle T-Shirt）、雅痞式小外套與窄版長褲的法裔帥哥或酷老爸。

而女性們更是不遑多讓，無論是幽雅簡約的後現代穿搭、色彩繽紛的摩登勁裝，或是各式俏麗的短裙與罩衫、艷麗的外搭褲或縷花絲襪……目不暇給地穿梭在這座如伸展台般的城市裡。不得不讓我讚嘆法裔人士對穿著的品味，以及對自我風格展現的認知！

皇家山（Mont Réal / Mount Royal）

　　蒙特婁市名的由來，其實就是這座山的古法語名稱的變體字，從它的制高點上可以遠眺蒙特婁市區，以及貫穿美加兩地的聖羅倫斯河（Fleuve Saint-Laurent）！假如你聽說過這一條北美洲中東部最大的水系，那麼你應該可以預期從皇家山上俯視它的那種壯麗之美。

　　這座山的山頂除了有著名的「皇家山十字架」，也是「皇家山公園（Parc du Mont-Royal）」的所在地，加拿大境內最大的教堂「聖若瑟聖堂（Oratoire Saint-Joseph du Mont-Royal）」更座落於此。而山腳下的蒙特婁高地，則是許多熱愛流行、藝術與設計者的朝聖重地，也是我每次都不容錯過的「眼睛美容」行程之一！

　　你連美瞳片都不需要再戴了，眼神也會隨著那些美麗的人事物越變越漂亮！

蒙特婁高地（Le Plateau-Mont-Royal）

　　這片高地原本是一處傳統法裔族群居住的地區，早期也曾是個充滿勞工階級的住宅區，直至六十年代起許多藝術工作者進駐，開設了形形色色的工作室之後，在人文薈萃的耳濡目染之下，這片高地才成為如今孕育流行時尚與創意設計的溫床。

　　如果你想要尋找獨一無二的藝術品、獨具巧思的新商品、潮流前沿的新款服飾，那麼走入這座充滿驚喜的寶山，你絕對不會兩手空空而歸。許多當地人華衣美服的行頭，也大多是出自蒙特婁本地設計師之手，而這些設計神手的工作室多數座落於蒙特婁高地。

　　這片高地的商店或住宅區風格，並非是以華麗的歐風取勝，反而是因匠心獨具的特殊建築與色彩，吸引了許多遊客們駐足與拍照，無論是以蜿蜒迂迴的黑色鐵梯造景，家家戶戶色彩各異的外牆與屋頂，以及三不五時都能見到色彩繽紛的彩繪玻璃窗，在燦爛的陽光 下閃閃輝映……每一個細節、每一處小角落的用心，都不禁讓人懷疑每一戶人家裡，是不是都住著一位藝術家或設計師？

蒙特婁舊城區（Vieux-Montréal）

　　舊城區就位於優美的聖羅倫斯河畔，其中幾條古色古香的石砌大道，更令人有一種穿越回法國古老街頭的懷舊感，高高低低的老石房更充滿了殖民時期的古樸風情，看起來大約都是十七至十九世紀的石材式建築物，其中更少不了我最愛閒晃的老教堂！

　　我對舊城區的另一個深刻印象，就是這裡每一家商店外的吊式木招牌，都設計得像一個個的藝術品，無論是圓形或方形皆以精巧的木刻精雕，有的是色彩鮮豔的插畫派、有的是樸實典雅的歐洲徽紋，全都懸掛在縷花鐵架上隨著風輕輕擺盪著，每條老街猶如露天的開放畫廊，而那些招牌就成了一幅幅風格各異的畫作。

　　舊城區內還有一個古老的舊港（Vieux-Port de Montréal），當地酒店的櫃台信誓旦旦地告訴我們：「如果沒有去過舊港口的話，就等於沒有來過蒙特婁啦！」

　　雖然那種老掉牙的觀光口號，在世界各地都聽得我耳朵快長毛了，不過這片舊港口也的確稱得上是蒙特婁的歷史縮影。因為它就是三百五十年前法國商人遠渡重洋，與加拿大原住民從事毛皮交易時的主要出入港。九十年代初，它經歷了一連串的改建與翻修，才有了如今休閒遊艇區與歷史巡禮並存的嶄新面貌，每年更吸引大約六百萬人次造訪。

聖母院大教堂（Notre-Dame Basilica of Montréal）

　　這座蒙特婁的聖母院大教堂位於舊城區，據說是北美洲最大的一座「歌德復興式」天主堂，它的雕樑畫棟比起巴黎的聖母院有過之而無不及，而且每個夜晚主體上還會有光影變幻萬千的燈光秀。

　　一九九四年，加拿大知名法裔歌手「席琳狄翁（Céline Dion）」與經紀人夫婿，就是在這座聖母院裡舉辦了那場星光熠熠的現場轉播婚禮。教堂內以藍

色與金色為基調的富麗堂皇，讓電視機前許多觀眾都大為驚艷，因此名氣也隨著那場名人婚禮而更為響亮。

　　蒙特婁的聖母院大教堂內部，與許多傳統羅馬正教的天主堂有些不同，因為它的宗座聖殿內並沒有太多聖經故事為主題的壁畫或彩繪玻璃，反倒是刻繪了許多蒙特婁本地，從古到今與宗教相關的歷史典故。

　　我和同行的朋友們都很好奇，既然都是名為聖母院大教堂，那麼蒙特婁的這座鐘塔上，是否也有一位魁北克版的鐘樓怪人呢？

聖凱瑟琳街（Rue Sainte-Catherine）

　　雖然蒙特婁的新市區距離舊城區只有不到二十分鐘的腳程，但是繁榮與摩登的景象卻與舊城區南轅北轍。它除了是美術館、博物館與劇場聚集的區塊，也充滿了櫛比鱗次的高樓大廈。

　　如果你是個掃貨的瞎拼女王，那麼煩請直衝新市區內的聖凱瑟琳街，因為所有知名的百貨公司或購物中心，如：伊頓、摩根或辛普森全都站在這條街上向女王們揮手歡迎。這條街全長十一公里半，由西向東橫越了整個金融商業區，除了地面上琳瑯滿目的商店外，就連蒙特婁知名的「地下城」也在這條主要道路附近，包準女性朋友可以逛得兩腿發軟非常盡興。

　　結束了瘋狂大採購的行程後，也千萬別忘了順道到聖凱瑟琳街上的「基督教會座堂（Cathédrale Christ Church de Montréal）」去懺悔……不不不，是參觀參觀！那可是加拿大唯一個位於購物商圈正中央的百年哥德教堂喔！

　　說實在的，如果不是用於瞎拼後的懺悔，好像就失去了它座落於繁華購物區的意義吧？

地下城（Ville Souterraine）

新市區的地下城，就是與聖凱瑟琳街平行的那座地下綜合住宅商業中心，當地人也稱它為「室內之都」。顧名思義它是一座在地面下的商圈與住宅區，用於因應加東地區暴風雪紛飛的冬季，民眾依然可以在這「地宮」中悠閒的購物與休閒。

根據我當時所收集的導覽手冊記載，它的全長至少三十二公里，佔地達十二平方公里左右，地下城的「市中心」有八成是辦公樓，其他皆為營業與賣場區域。它所涵蓋的機能五花八門，讓民眾不需走到冰天雪地的戶外，就可以輕鬆享受各種生活所需。

城內包括了公寓、旅館，銀行、商辦區、博物館、購物中心，以及七個地鐵站、兩個火車站、一個長途巴士總站，還有一座可容納兩萬多名觀眾的曲棍球場「貝爾中心（Centre Bell）」！你無法想像這座地下城到底有多大吧？根據統計，它總共有一百二十多個出入口，每天的總吞吐量超過五十多萬人次！

也就是因為這麼一座城中城，蒙特婁也被稱為是二合一城市。

聖海倫島（Île Sainte-Hélène）

是聖羅倫斯河中的一座小群島，它其實是由三個島嶼所組成的，也是「拉隆德遊樂園（La Ronde）」的所在地。拉隆德遊樂園裡總共有四座雲霄飛車，其中又以全球最高的木造怪物飛車（Le Monstre）最為驚險，它是以木材層層疊疊堆砌出來的超高結構體，當飛車快速飛馳在軌道時，宛如穿梭在一片片木頭的迷魂陣之中。由於許多人對木製的結構先入為主沒有信任感，因此更加劇了那種不寒而慄的恐懼，而且它的最高時速竟然可達到九十六公里！

雖然我的文字寫得天花亂墜、口沫橫飛，其實連續兩年參觀這個遊樂園時，我始終不敢搭上那座木造的雲霄飛車，總是以高血壓、心臟病或八字很輕，推掉了同行好友們的盛情邀約，只願意在底下看著他們在高空中鬼叫過過乾癮。尤其是聽聞那座飛車軌道上曾發生飛車撞死工作人員的意外後，我更是堅持不想被「好兄弟」捉交替……

聖海倫島的另一個奇觀,就是地鐵站旁的「生物圈展覽館」(Montréal Biosphere),它是一幢被巨大網狀金屬圓球包住的建築物,看起來就像一座在氣泡裡的科學城,不過卻是一間生態環保的主題博物館。

它的前身是一九六七年「蒙特婁世博會」(Expo 1967)的美國館,圓球的直徑為七十六米,高六十二米,整體是以輕金屬和聚合材料所建構,這座長相很科幻的球形建築物,在六十年代還曾經一度轟動全球。

聖母島(le Notre-Dame)

我的幾次魁北克之行都沒機會親赴這個島嶼,不過我相信它應該會是許多朋友有興趣的景點,在此就將我手邊收集到的英文簡介大致說明一下。聖母島也是因應蒙特婁世博會,而特地在聖羅倫斯河中堆積出來的人工小島,島上有公園、賭場、水上活動中心,以及知名的 F1 一級方程式賽事專用的「維倫紐夫賽道(Circuit Gilles-Villeneuve)。

一九九三年,島上的「蒙特婁賭場 (Casino de Montréal)正式開幕,賭場的前身其實是蒙特婁世博會時的魁北克館與法國館。這座外觀類似船型的賭場除了有國際標準的賭桌,各式各樣的吃角子老虎之外,裡面更有四家高級餐廳,尤其是五樓的「陰影」法式餐廳(Nuances)」,是許多旅遊評鑑所推薦的五顆星餐館,如果你耳聞過加拿大只有兩間五顆星的法式餐廳,那麼別懷疑!這就是其中的一間。

蒙特婁的觀光景點實在多到不勝枚舉,很難在三、四天就全部走訪完畢,我文中未提及的遺珠景點還有:雅克・卡爾迪艾廣場(Place Jacques-Cartier)、奧林匹克公園(Parc d'Olympique)、蒙特婁植物園(Jardin botanique de Montréal)、自然生態博物館(Biodôme de Montréal)、中國城(Quartier Chinois de Montréal)、同志小鎮(le Village)……等,而那些美麗的角落就靠你自己去親身體驗囉!

註:本文中所提到的地名皆為法文原名,畢竟在法語區不見得每個景點都有英文名稱與簡介。

溫哥華超自然之旅

04

（北緯）49° 15' N　（西經）123° 6' W
City of Vancouver, BC, Canada

（北緯）49°15′N　（西經）123°6′W

溫 哥 華 超 自 然 之 旅
City of Vancouver, BC, Canada

朋友曾經問我：「如果你那麼不喜歡溫哥華晝短夜長的冬季，是否代表你這人很怕黑呀？」我想了一想很肯定地回答：「當然不是！」我是人稱墨大膽的怪咖，常是那種在黑暗的古城地穴中帶領同伴探險的人，對於妖魔鬼怪也抱持著──「你不騷擾我，我就不會撒你蒜味鹽」的公平交易。那麼，為什麼冬日的黑夜變長了，會讓我那麼心神不寧？

我想，我還是要介紹一下我居住的這個城市，不過會以其他旅遊書上絕對沒有提過的「超自然」角度，引領你進入溫哥華所不為人知的另一面。

它，曾經只是一片巨木參天的原住民部落，直到歐裔移民大舉遷入後，才發展出一條叫「蓋斯鎮（Gastown / Gassy's Town）」的小街，其後又逐漸延伸為一個名為「固蘭胡（Granville）」的小鎮。直至一八八六年，才正式以紀念喬治‧溫哥華船長（Captain George Vancouver）為名，將版圖日漸擴大的小鎮立市為「溫哥華」。

雖然美國華盛頓州的溫哥華，比加拿大卑詩省的溫哥華早了許多年立市，但是在全球觀光旅遊的知名度上，加拿大的溫哥華卻意外蓋過了前者。

有人稱它是「花園城市」，因為這裡的男男女女對植物都有一種特殊的情感，每當春夏來臨之際，他們早已迫不及待開始翻土與播種，期待自己的花園

將會是整條街上最美的一戶。在溫市政府嚴格規定市內各區的澆水排程，與家家戶戶該如何修剪草坪的規範下，遊客們幾乎在任何時刻按下快門，都能夠輕易捕抓到街道上最花團錦簇的美景。

而繁華的溫哥華市中心，有三分之一是屬於「史丹利公園（Stanley Park）」，那一片占地四百多公頃的原始森林，比紐約曼哈頓中央公園的三百多公頃更為龐大！在這座位於都心的森林公園中，依然保留了五十多萬株原住民時期的古老巨木。

因此，當溫哥華的居民看到新移民們砍樹、拆房與擴建，將住家搖身改建成一幢幢沒有樹木與前後院的「怪獸屋」時，常會搖搖頭惋惜不已。對他們來說，初春賞花、盛夏逐浪、深秋踏楓、冬日滑雪，才是居住在這個城市所應該盡情享受的生活型態。

也有媒體盛讚它是太平洋岸邊最美麗的「民族鑲嵌畫」，畫裡堆砌了五顏六色的玉石，你可以一顆一顆細細去觀賞，也可遠遠欣賞不同成色的石頭所交織出的那份美。那些玉石所寓意的就是各種不同族裔的移

民，他們不需要被投入「民族大熔爐」裡，或被迫改變自己的傳統與文化，反而刻意被鑲嵌在自己喜歡的位置上，綻放著屬於自我文化特色的光芒，卻依然能與其他族裔相互輝映。

因此這裡的每個族裔，都有向主流社會推廣自身傳統與文化的節日，從「希臘日」、「義大利日」、「拉美狂歡節」、「古巴音樂節」、「印度 Vaisakhi 慶典」、「瑞士 SängerFest 音樂節」、「台灣文化節」或「中國春節大遊行」⋯⋯都是每年全城皆知的重大文化慶典。

也有人稱溫哥華是「加拿大的加州」或「北方的好萊塢」，因為半個世紀以來有數不清的好萊塢電影與影集，其實是在這座城市拍攝與後製，從早期的《第一滴血》（First Blood）、《魔鬼終結者》（The Terminator），到後來的《機

Vancouver Cherry Blossom Festival 提供／公關宣傳照

械公敵》（I, Robot）、《超人：鋼鐵英雄》（Man of Steel）、《暮光之城》（The Twilight Saga）、《猩球崛起》（Rise of the Planet of the Apes）、《X-Men》系列、《星際爭霸戰》（Star Strek）系列、《死侍》（Deadpool）……。

到電視影集「X檔案」（The X-Files）、「星之門」（Stargate SG-1）、「黑天使」（Dark Angel）、「超自然檔案」（Supernatural）、「吸血鬼日記」（The Vampire Diaries）、「危機邊緣」（Fringe）……幾乎都是在這個不為人知的「好萊塢後廠房」所拍攝完成！

對許多國際學生與移民而言，它則是一個充滿愛情悲劇的城市，無論是早期歐裔移民時代，許多刻骨銘心的古老愛情故事，或是新移民時期，那些流傳於國際學生之間沒有結果的異國戀情，都為這個城市披上淡淡幽情。

而旅居加拿大二十多年的我，卻對溫哥華有著截然不同的視野！

　　它是個充滿神祕氛圍的城市，因為僅僅是溫哥華市中心就有至少三十處「鬼屋」！那些流言蜚語、繪聲繪影的靈異故事，讓這座古老的城市更增添了許多驚異與奇幻色彩。如果你曾經造訪過溫哥華，參觀過所有著名的觀光景點，卻沒有聽聞過那些超自然的都市傳說，那麼就請跟著我一起走訪其中幾個最出名的另類景點吧。

濱海車站（Waterfront Station）

　　這棟充滿歷史痕跡的火車站於一九一四年竣工，它就位於知名的蓋斯鎮旁邊，也就是觀光客搭乘玻璃頂的「洛磯登山者號」（Rocky Mountaineer）火車，或乘坐「海上巴士」（Sea Bus）與「架空列車」（Sky Train）時，所需要穿越的那棟朱紅色古老建築物。

　　它的主樓左右分別有東、西兩翼長廊，大樓外則有一尊悲傷的天使，攙扶著一位垂死的鐵路工人昇天的巨大銅雕，雕像帶點傷感的氛圍更為這座車站增添了些詭異感。

　　我每次造訪海濱車站時都是大白天，因此並不覺得有什麼異狀，頂多認為大廳內並不如印象中的火車站熱鬧，沒有太多人會在那駐足或閒晃。後來才知道，原來它號稱是溫哥華最多靈異事件發生的地點，在不同年代都有值夜班的保全人員或車站員工，信誓旦旦聲稱自己目睹到奇異的現象。

最早的傳說是源於一九二八年，有一位司閘員正在軌道旁維修鐵閘時，意外被入站的火車擦撞身亡，他的頭顱還當場被截斷。此後，經常有乘客向站務員回報，看到黑暗的鐵軌上有人影走動，手中還搖著那種老式的提燈，彷彿像在軌道上尋找什麼？有些大膽的男子近看之後，才發現那個身影竟是一位穿著制服的無頭人！消息傳開後市民們眾說紛紜，都認為肯定是當年那位司閘員，回來尋找他那顆失落的頭顱了。

一位保全公司的警衛也告訴媒體，他曾在深夜空無一人的車站大廳，見到一位身穿古老歐洲服飾的女子，一個人在大廳中旁若無人地跳著舞，舞蹈時還傳來那種二十年代老唱機的音樂聲。他原以為是喝醉酒的年輕人偷偷摸進站內惡作劇。結果，當他走上前大聲喝止時，那位女子卻在他眼前化成一陣煙霧消失得無影無蹤，先前伴隨的音樂聲也嘎然而止。

另一位工作人員則聲稱，曾在晚間到車站西北角尋找物品，順手將手電筒照進某間黑暗的房間時，卻驚見一位雞皮鶴髮的老太婆正孤獨地坐著房內，她的面部表情極為憂鬱，身上還散著一股白色的磷光。當他將光線照在那位老婦的臉

上想仔細端詳時，對方的面容卻頓時轉為淒厲的模樣，伸出手往他的方向衝來。那位工作人員嚇得魂不附體，馬上轉身一路跑下樓狂奔出車站，事後還歇斯底里的向主管反映，寧願辭職走路也不願意再上夜班了。

當然也有警衛是遇上了「頑皮鬼」（Poltergeist），譬如在走進儲藏舊桌椅的倉房後，卻發現身後的門竟然馬上被桌椅給堵住了，只能倉皇地爬上堆積如山的桌椅，想辦法擠出剛剛的那道門外。

聽說有些乘客也曾在月台附近的替補席上，見過三位衣著老派的小老太婆，沒有人看清楚過她們的面容，只是遠遠見到她們無聲無息地坐在那裡，卻從沒有搭上任何一班列車，彷彿是在等待傳說中那一班永遠無法靠站的幽靈列車……

老式義大利麵工廠（The Old Spaghetti Factory）

這家餐廳位於蓋斯鎮內，也是我時常用餐的餐廳之一，他們主要提供各種千奇百怪的義大利麵點，食客們也都聽聞過這裡有「四隻鬼」的傳說。這間餐

廳的特別之處，是用餐區內有一台編號五十三號的古董電車（Trolley），車內被改裝成了用餐空間。它曾經是卑詩省鐵路局的大眾運輸工具，自從一九五七年退休後就輾轉賣給了餐廳店東。

　　餐廳內的服務生都知道那台電車有「髒東西」，因為時常在打烊前車廂內的餐桌早已收拾乾淨了，第二天早上卻總會又出現幾只用過的餐盤。幾位顧客用餐時，也時常瞥見一位身穿鐵路局制服的男子，站在電車旁擺出指揮交通的手勢，或是坐在車廂內某個座位上，冷冷地盯著客人。網路上也流傳過好幾張客人拍照時，意外拍到那位制服男杵在身後的照片。

　　還有一位被員工們暱稱為「小紅人」（Little Red Man）的頑皮鬼，聽說是因為他長得臉色潤紅又留著一頭紅髮，身上還穿著一套老式的紅色連身睡衣而得名。他喜歡偷溜進廚房作弄員工，或是躲在服務生身後喊他們的名字，更喜歡躲在女生廁所的隔間內嚇女性顧客。曾經有客人在廁所裡拍下了他的身影，可是照片洗出來後卻只是一團朦朧的霧氣。

　　餐廳內也有兩位偶爾出現的小男孩與小女孩。小男孩常會在關店之前，從餐廳頭跑到餐廳尾，然後背對著用餐區站在最深處的那面牆壁前，直到服務生走上前制止時，他才會幽幽地轉過頭來，可是那張小小的臉孔上卻看不到五官！他的惡作劇還因此讓幾位女服務生嚇到當晚就閃辭。

　　一位知名的通靈者造訪那間餐廳時告訴店經理，那位小男孩的名字叫愛德華，是從那面牆上的古董所凝聚出的一個空間破洞，跑出來玩耍的小鬼。而另一位總是拿著氣球和客人搭訕的小女孩，則是向不同的客人解釋自己在尋找失散的母親，可是每當客人轉身想請服務生幫忙時，她就憑空蒸發掉了……

奧芬劇院／時尚劇院（The Orpheum / Vogue Theatre）

　　對溫哥華人來說「歌劇魅影」並不是一個浪漫的故事，因為在固蘭胡街上的兩間劇院都有所謂的魅影出現。其中傳聞最盛的就是奧芬劇院的「空中飛魂」，他是在劇院開幕初期一場馬戲表演時，意外從舞台上空摔下身亡的空中飛人表演者。許多年以來，一直都有員工或排練的演員，親睹過空蕩的舞台上方有人影在懸盪的身影，甚至也有人看到類似球體的東西飄浮在舞台兩邊，然後又迅速消失。

　　更有觀眾反映在奧芬劇院的男廁所門邊，還有一位身形高大穿著早期「盥洗室服務員（Washroom Attendant）」的男子，和走廊上一位打扮高貴的半透明中年婦女，每隔一陣子就會若無其事現身在賓客跟前。

　　而同一條街上的時尚劇院，最廣為人知的就是那位表情嚴峻的黑髮男，他最常出現在地下室的走廊，以及有表演時的聲光控制室裡。不同的外包工程人員都曾在控制台工作時，眼角的餘光瞥見那位黑髮男子，他總是表情嚴肅坐在後方的那排空椅子上，彷彿正在盯梢他們的工作。因此，在時尚劇院的聲光控制室內留一張空椅子的耳語，也成了許多工程人員不成文的慣例之一。

溫哥華酒店／歐洲酒店（Hotel Vancouver / Hotel Europe）

　　溫哥華酒店是喬治亞西街上一棟綠銅頂城堡式建築的五星級酒店，這間歷史悠久的酒店中精品店林立，也是許多名流仕紳喜愛下榻的地點。在溫哥華長大的當地人，大多聽過十四樓那位高貴優雅的「紅夫人（Lady in Red）」傳說，她總是出現在十四樓的客房走廊上，有時甚至會穿牆走進電梯間或房間，就連酒店的監視器也曾錄過一些奇怪的現象與聲音。

　　由於傳言甚囂，酒店大堂的酒吧還推出一款名為「紅夫人」的雞尾酒。許多人從紅夫人傳聞所形容的穿著與打扮追查，都相信她應該就是一九四〇年間，長住在溫哥華酒店十四樓的社交名媛「珍妮・考克斯（Jennie Pearl Cox）」，她是在居住於酒店的期間發生了一場車禍意外而喪生，或許至今仍不知自己的死訊？才會繼續出沒於當年位於十四樓的居所……

　　歐洲酒店則位於蓋斯鎮裡，大樓外觀就像一片切得薄薄的生日蛋糕，由於奇特的建築也讓它成為蓋斯鎮的觀光地標之一。這間酒店最常被客人或店員遇見的，就是一位身穿黑大衣、頭戴平頂帽的神祕男子。我有一位女性朋友，早年曾在這間酒店一樓的商店當店員，至今依然記得當時的許多奇怪事件。

　　譬如有一次她已經打烊將大門鎖上了，正在收銀台前結算帳目，不過眼睛卻瞄見牆角上的圓形監視用鏡子內，還有一位穿黑大衣的男子逗留在店裡，她嚇了一跳馬上走到那個角落檢查，卻發現那裡根本空無一人。

　　還有幾次，她已經下班鎖門離開店面後，在對街不經意回望時，竟然發現那位頭戴平頂帽、身穿黑大衣的男子又站在他們的店內！她非常確定鎖門前檢查過店裡的每一個角落，絕對不可能有客人被反鎖在裡面，那麼那位一再出現的神祕男子又是誰呢？至此之後，每當她鎖門下班後，絕對是頭也不回的就快步離開，再也沒有勇氣回過頭去一探究竟了！

　　每個城市都會有一些光怪陸離的都市傳說，如果你也和我一樣是個喜歡找刺激的人，那麼在旅行中就大膽的與當地人閒聊，你會因此發現許多觀光景點的背後，原來還有那麼多旅遊書上所沒記載的奇聞異事！管它是真的？還是假的？至少在那趟旅程中你收集到一些別人所沒有的旅遊見聞！

05

萬年冰原 千年冰川。

（北緯）52° 9' 26″ N　（西經）117° 18' 50″ W
Columbia Icefield, Alberta, Canada

〔北緯〕52° 9' 26" N　〔西經〕117° 18' 50" W

千 年 冰 川 。 萬 年 冰 原
Columbia Icefield, Alberta, Canada

常有人納悶問，為什麼有些觀光景點我會造訪那麼多次？難道真的值得一去再去嗎？其實是因為有重要親友來訪時，我順理成章就成了他們的導遊與翻譯，必須領著他們到加西各地旅遊，就算早已去過十多次也要強顏歡笑。不過，從班芙國家公園、洛磯山脈到哥倫比亞冰原的這段旅程，卻是去多少次都不嫌膩，因為你可以在群山下看到自己的渺小，在萬年冰原上感受到更廣闊與明亮的胸懷。

　　我坐在遊覽車裡看著窗外的水怪湖，它依然如上次見到時那般，靜靜地沉睡在這沙漠綠洲的河谷，或許那頭徜徉在湖水中的歐戈波戈，也正和我一樣默默地仰望著那片萬里無雲的青空。

　　車內正播放著非常不搭調的 **K-Pop** 流行歌曲，整台車除了我之外，還有幾位蒙頭大睡的韓裔阿遮西和阿珠媽，印度裔的司機也站在路旁抽著菸。大約二十多分鐘後，一群口操韓語和英語的亞洲人，才陸續從湖畔的酒莊回到車上，手裡拎著大包小包的購物袋，有些男子還扛著一箱箱的歐肯納根冰酒，就像剛搶完了酒莊刮搜回來的戰利品。

　　梳著一頭韓式厚瀏海的年輕導遊，戴上了無線耳麥，先用韓語講了好長一段話，逗得幾位韓國妹和阿珠媽笑得花枝亂顫，然後才又切換為英語，朝著我們的方向講了頂多四、五句景點說明，就結束了。

　　我和隨行的台灣幾位朋友都有點納悶，為什麼咱們聽不懂韓語的團員，就沒有提供那種笑得花枝亂顫的服務？

　　我們會參加這個大多是韓裔觀光客的巴士團，實在也是迫不得已。因為從台灣來訪的友人行程緊迫，必須要在星期五就出發造訪洛磯山脈和哥倫比亞冰原，否則就趕不回溫哥華搭乘返台班機。而我也沒什麼信心開三、四天的車穿梭於山脈之間，只好退而求其次尋找比較省麻煩的巴士團出遊。不過，各大英文團或中文團的旅行社，都是在週二、六或日出團，最後才找上這間「號稱」是雙語帶團的韓裔旅行社，展開了一場「鴨子聽雷」的洛磯山脈之旅。

　　旅遊巴士出了溫哥華後，就朝著東北方行駛行經基隆拿、歐肯納根流域（Okanagan Valley），將在鮭魚灣（Salmon Arm）停留一晚，預計第二天清晨才會跨過省界，進入亞伯達省的班芙國家公園。

　　由於我並不需要一邊開車一邊看 GPS，一路上也總算能專心欣賞窗外的氣象萬千，為了能觀賞到更全面的雪山景緻，我和朋友們還各自多花了加幣六十元坐到前三排，享受玻璃天窗外更寬廣壯麗的群山視野。

　　直到黃昏時分，我們一行人才下榻在鮭魚灣附近的酒店，這裡稱得上是通往洛磯山脈的中繼站，位居於卑詩省與亞伯達省之間，不過它的湖畔風光與寧靜之美，只作為是中繼站也未免太可惜了。

　　鮭魚灣是個欣賞大自然生態的絕佳地點，在舒斯瓦普湖（Lake Shuswap）上，處處可見到木柱上築巢而居的鸛鳥、在水面上優雅走貓步的灰鷺，以及不斷將頭探進水中捕魚的水鴨們。如果你來對了季節，還可在鮭魚灣外的河流，觀賞到鮭魚逆流而游的奇景！

　　那些成魚們從遙遠的太平洋，奮力逆游回淡水河流裡，只為了想回歸內陸的故鄉產卵。那些臨近產卵期的大麻哈鮭魚，魚體會轉變為紅身綠嘴的鮮艷色彩，卻在完成任務後褪為死亡的灰褐色，孤獨地沉落在水底翻著白肚。令人不禁感嘆，在那瞬間看盡了生命繁華皆如夢的殘酷景象。

　　第二天清晨六點多，團員們就被趕上遊覽車，繼續朝著東邊行駛。在告別卑詩省邊境之前，我們來到了位於飛鷹坳（Eagle Pass）的歷史景點「最後一根釘」（The Last Spike）所在地。它是跨越加拿大東岸與西岸的「太平洋鐵路」（CPR）竣工紀念地點，也就是作家張翎的小說「金山」，所提及那一條充滿著華工血淚滄桑史的鐵路。

　　這條鐵路從一八八一年起由東往西而建，直至一八八五年才正式完工，當時建造鐵路的工人大多是從中國沿海延攬回來的廉價勞工，他們被白人社會稱之為「Coolie」，也就是苦力的中文音譯，所負責的全是歐裔勞工們所不願意去作的危險活兒。

　　遺憾的是，這項偉大工程的竣工儀式與紀念照片中，竟然沒有邀請任何一位中國籍的幕後勞工參與，而成為多年後加拿大太平洋鐵路公司，被指為是種族歧視與壓迫中國苦力的歷史證據之一。

　　我和友人們站在鐵軌上，看著那顆在枕木上被黃色箭頭標明的釘子，心中所湧現的並不是對這浩大工程的感動，而是對那些犧牲性命的無名英雄的悼念，與一種想要吐口水下去的民族傷懷！

　　在這一次的旅程中，我們將走訪洛磯山脈的四大國家公園，它們分別是：幽鶴國家公園（Yoho National Park）、賈斯珀國家公園（Jasper National Park）、庫特尼國家公園（Kootenay National Park），和班芙國家公園（Banff National Park）。如果再羅列上卑詩省的另外三座省級國家公園，這裡就是被聯合國教科文組織，列為是「世界自然遺產」的加拿大落磯山公園群（Canadian Rocky Mountain Parks）。

　　也難怪曾有歐洲觀光客造訪洛磯山脈的冰川風光時，會驚訝地說：「這裡簡直就像是一次遊覽了五十個瑞士呀！」因此那一座座白雪皚皚的峰峰相連，才會在歐美的旅遊書上被暱稱為加拿大的「五十個瑞士」。

　　在行經過一號公路最高點的羅渣士坳（Rogers Pass）之後，我們終於正式進入了班芙國家公園，高速公路上時而細雨紛飛、山嵐裊繞；時而虹彩弄空、雪嶺綿延；時而烈日當空、陽光燦爛。一路上由南往北、由西向東的美景變幻萬千，沿途上大大小小的幽美湖泊，也因為氣候與溫度，而轉變為雪山與冰川湖的空靈美景。

　　我們在四大國家公園中最小的幽鶴國家公園停留了一陣子，聽說 Yoho 是北美原住民克里族語（Cree）的讚嘆詞，當我欣賞著幽鶴幾個美得令人窒息的景

點時，還真的好想對著山谷高喊一聲 Yoho ！讚嘆造物主在這山水之間的神來
之筆！

　　幽鶴最美的景點應該就是翡翠湖（Emerald Lake）！這座冰川湖位於海拔
一千三百二十米處，它的水源是上頭的冰原雪水溶解後，經過日積月累沖刷流
入湖泊，還夾雜著大量的磷礦、石粉、冰漬與各類礦物質沉澱於湖底。

　　因此，在陽光照射之下，才會呈現出那種獨特的深綠色澤，就像一顆躺在
洛磯山脈的祖母綠或翡翠。聽說許多華人遊客見到這片色彩特異的湖水，很自
然的就喊它為翡翠湖，久而久之這個中文稱呼也就被官方正式採用了。

幽鶴的好山好水還包括，落差高度比尼加拉瓜大瀑布，還要高六倍的鐵克谷瀑布（Takakkaw Falls）；以及長年被河水沖擊，穿石而入的天然橋（Natural Bridge），考古學家們還在此處的石床壁上，發現了五億三千萬年前的生物化石，其中有許多是「寒武紀時期（Cambrian）」的海洋生物化石。不禁讓人嘖嘖稱奇，原來海拔甚高的幽鶴國家公園，億萬年前竟然也是一片汪洋世界？

有人說來到洛磯山脈，如果沒有搭班芙纜車（Banff Gondola），登上標高兩千四百五十米的硫磺山（Sulphur Mountain），去山頂溫泉（Upper Hot Sprint）泡一泡，或在觀覽餐廳（Panoramic Summit Restaurant）裡享受美食，那就等於沒有見識過真正的班芙盆地和洛磯山脈！

我想，搭纜車或登上觀覽台眺望，的確是我每次旅行中熱愛的視覺體驗，不過要在那種冷風颼颼的露天山間，脫下我的羽絨衣、防寒褲去泡硫磺溫泉？那就免了，我還是留到去北海道時再和日本彌猴一起泡湯，可能還比較有趣吧！

那一趟纜車大約花了八或十分鐘，不過卻是我所有旅行中最精彩的一次纜車經驗！當我回過頭眺望腳下越來越小的山林與小屋時，卻冷不防被地平線那端的遠山峻嶺所驚豔，那種所謂層巒疊翠、雪峰迭宕的形容詞，頓時浮現在我的腦海中，原來這世間真的有世外桃源。

同行的幾位友人在小小的纜車裡，竟然無厘頭地哼起了：「這～美麗的香格里拉！這～可愛的香格里拉！我深深地愛上了它……我愛上了它……」隨之還驚呼會唱出這種老到掉渣的「淨化歌曲」，簡直就是歐巴桑與歐吉桑的年齡大露餡！

硫磺山頂一共有三個觀景台，一間觀景餐廳，朋友們選擇到觀景餐廳裡一邊欣賞山明水秀，一邊……狼吞虎嚥吃著自助餐，如此眼球和味蕾才能夠同步得到滿足吧？其中一位貴婦好友翻著手上的旅遊書鬼叫著：「書上說這間餐廳，是全加拿大海拔最高的『全景峰會餐廳』耶！快點快點，咱們拍一張合照到臉書上打卡炫一炫！」

　　雖然我有些不以為然，不過從觀景餐廳三百六十度的透天玻璃窗，眺望底下的班芙盆地和洛磯山脈，還真是有一種在空中樓閣用餐的錯覺，整個班芙小鎮與群山環抱的壯麗景色，也隨著我們的餐盤盡收到眼底與嘴裡。

　　下了纜車後，巴士團就驅車前往小鎮上的班芙國際酒店，在抵達酒店之前，導遊還給了大家一個意外驚喜。那就是帶我們去見識瑪麗蓮夢露和勞勃米契，在經典電影「大江東去」中的場景，片中他們倆搭乘竹筏在大江中，與原住民們槍戰的許多橋段，就是在班芙的弓河瀑布（Bow Falls）所拍攝！看著飛白的水花在凌亂的岩石層上奔流，我想起小時候的確觀賞過夢露抱著木吉他，在弓河前演唱 The River of No Return 的性感畫面，不禁令人感嘆這河水依舊，美人卻早已香消玉殞。

　　朋友好奇地問我：「好萊塢的西部電影，怎麼不是在美國本地取景呢？」我笑了笑回答：「其實許多好萊塢製片公司，都喜歡北上到加拿大拍攝電影或影集，或許就是因為這些壯麗的自然景觀吧！譬如另一部經典電影《齊瓦哥醫生》，也是在亞伯達省的洛磯山脈取景……」

　　結果，我們第三天的行程就是尋訪齊瓦哥醫生的拍攝地點之一，露易絲湖（Lake Louise）和露易絲湖城堡酒店（Chateau Lake Louise）！如果你還記得電影裡，齊瓦哥一家搭乘火車到俄羅斯的烏拉山脈場景，那些令人眼睛一亮的大自然景觀，就是來自露易絲湖和城堡酒店！

　　露易絲湖是為了紀念英國維多利亞女皇的女兒「露易絲公主」而命名，她在一八七八年到一八八三年間，還曾是加拿大的總督夫人。

　　假如幽鶴的翡翠湖是一顆安靜躺在洛磯山脈的祖母綠，那麼露易絲湖這座加拿大最大的冰川湖，就是這群山之中瑰麗繽紛的藍寶石了，因為它的湖面會隨著每天不同時段的日照，時而呈現天藍、時而幻化為碧綠，有人形容它的確就像那位露易絲公主，在這空山幽谷中眨著閃閃發亮的大眼睛。

　　而素有「天下第一窗」的城堡酒店，是著名的英裔加拿大建築師法蘭西斯‧拿頓貝利（Francis Rattenbury）所設計的，不過一九二四年的一場祝融之災，將他最原始的舊樓外觀毀於一旦，如今的外觀其實是隔年重建後的樣貌。

　　城堡酒店的室內設計，並不是走富麗堂皇的宮闈風格，除了牆上多幅霧金色縷花框的皇室人物油畫之外，大多的裝潢都融合了鹿角、獸首、原木、花布窗簾，與歐式花朵彩繪的「後維多利亞」風格元素。它帶給訪客一種風雪中的暖色系溫馨感，也絕對是洛磯山脈最值得花時間細賞的古老酒店之一。

　　在參觀過另外兩座冰川湖：碧吐湖（Peyto Lake）與弓湖（Bow Lake）之後，我們總算換搭有特殊履帶的巨型冰川遊覽車（Terra Bus）前往哥倫比亞冰原（Columbia Icefield），造訪六大主要冰川之一的亞迪巴斯加冰川（Athabasca Glacier）！

　　哥倫比亞冰原位於賈斯珀國家公園的南方，總面積約三百二十平方公里，是北美內陸最大的冰原遺跡，它被喻為是「河流之母」，因為每年所消融的冰川雪水，順著洛磯山脈的大小河谷，湍流至北美洲的許多河流與湖泊，並且注入北冰洋、太平洋和大西洋之中。

　　當我們從冰川遊覽車踏下地面的那一刻，我的心中充滿了莫名的激動與興奮，因為腳下就是那片厚達一百至三百多米的冰川表面！厚瀏海導遊告訴我們，哥倫比亞冰原的幾個冰蓋與冰川，豈止是經歷了千年而已，它其實是累積了一萬多年風霜雪雨的「萬年冰原」！

　　我無法想像三百多米到底有多厚，只是好奇地盯著腳下看不透的白色冰層，幻想著會不會有什麼魚類游過？那麼厚的冰川底下是否冰凍著任何史前生物？

　　當我還在大發思古之幽情時，我的幾位朋友早已拎著礦泉水的瓶子，跑到旁邊的水窪裝水，還對我嚷讓著：「厚瀏海導遊說，冰川溶解的水最清淨透涼了，可以就這樣喝下去喔！哇，真的好晶瑩剔透喔……」話都還沒有講完，其中一位友人就已經咕嚕咕嚕，喝下好幾口零下幾度的「冰川水」！

　　我很想告訴他們，其實在溫哥華市區的自來水，本來就已經是從冰原溶解下來，流到各大水庫的冰川水呀！而且這種水還外銷到世界各地，這也就是為什麼加拿大許多省份的居民都不需要繳水費，而且只需要打開水龍頭，就可以直接飲用到清淨的冰川自來水！

　　我捉狹地騙他們，剛剛才看到幾位沒品的大媽，在旁邊吐了好幾口痰！嚇得他們連忙將瓶子裡的水全都倒掉。我忍不住大笑了出來：「這裡還有很多『冰河泥』喲，要不要也挖幾罐帶回台灣敷臉？這樣就不需要去藥妝店買了呀！」

　　只見那位貴婦朋友狐疑地盯著我，還很認真地望向那幾灘爛泥巴！

　　那一趟穿越洛磯山脈、橫跨冰原的巴士旅行，終於讓我感受到那種看不到地平線的遼闊感，和一山更有一山高的渺小感，無形中也領悟到詩經裡說的「君子之道，辟如行遠，必自邇；辟如登高，必自卑」的謙卑境界。

　　站在哥倫比亞冰原上，環顧著四周冰天雪地的巨大山脈時，許多人應該和我一樣，頓時體會到自己是多麼的微不足道，和那些被冰封了千年、萬年的冰川相比，我們的生命又是何等短促！是否值得我們將稍縱即逝的人生，浪費在不值得的人事物之上？

06

水怪湖畔的婚禮

（北緯）49° 53' 01″ N　（西經）119° 29' 36″ W

City of Kelowna, BC, Canada

（北緯）49° 53' 01 ″N　（西經）119° 29' 36 ″W

水 怪 湖 畔 的 婚 禮
City of Kelowna, BC, Canada

這條流域被稱為「陽光燦爛之地」，當地原住民的古老傳說中，湖中的響尾蛇島下棲息著一頭蛇身駱駝臉的水怪，人們稱牠為──「歐戈波戈」，時常有居民目擊到牠浮上水面悠游的景象。我們的朋友肖恩與蕾斯莉，卻選擇這麼個充滿神祕色彩的水怪湖畔，完成了小倆口的終身大事。

　　移居加拿大這麼多年，已經忘了那是第幾次驅車前往我最喜愛的沙漠綠洲──基隆拿？清晨六點多，我和瑪瑞歐乾媽的兒子史提夫從溫哥華出發，沿著一號高速公路接駁至黃頭高速公路（Yellowhead），再由瑪烈特鎮（Merritt）轉上九十七號高速公路，GPS 顯示大約五個多小時就可抵達了。

　　在幾個小時的車程中，窗外的大自然風光瞬息萬變，美得彷彿置身於一幅幅風景明信片中。此行的目的是為了參加史提夫的外甥肖恩的婚禮，他與女友兩年前才搬遷到素有「陽光燦爛之地」與「加拿大果籃」之稱的歐肯納根河谷，在基隆拿山邊買了一幢三層樓的別墅洋房，從他們落地窗外的露臺就可將歐肯納根湖盡收眼底。

　　那片閃著細碎銀波的湛藍湖水也被暱稱為「OK 湖」或「水怪湖」，傳說在湖中響尾蛇島四通八達的水洞中，棲息著一頭叫歐戈波戈的巨大水怪，原住民語則稱牠為「N'ha-a-itk」，意指「水中惡魔」。

　　當地的賽埃利克斯族（Syilx）流傳著一個古老的神話，在他們的部落裡曾經有一位心術不正的族人被邪靈上了身，一夜間殺害了許多無辜的族人與最受尊崇的長老。天神得知後勃然大怒，降罪將他變成湖裡的一頭怪物，永遠不得再重回陸地。

　　此後，每當原住民要渡湖時，總得帶上一隻雞或狗上船，萬一不幸在湖中遇上水怪時，他們便會將雞或狗扔到湖中轉移牠的注意力，以確保船上的人不會被襲擊。

　　直至今日仍有許多當地居民繪聲繪影告訴遊客，他們目睹歐戈波戈光怪陸離的經驗，甚至也有人聲稱拍到水怪的照片或影片，它的名氣不亞於英國蘇格蘭的尼斯湖水怪（Loch Ness Monster），或美國的尚普蘭湖怪（The Lake Champlain Monster）。

　　基隆拿市政府除了將歐戈波戈視為該市的吉祥物，當地的「龐帝克頓酒莊商會」（Penticton & Wine Country Chamber of Commerce）還重金懸賞加幣兩百萬元，要贈予給活捉到牠，或者取得水怪檢體證據的市民。

　　近年來該市亦將它列為「保育動物」之一，因為有專家推斷湖中的水怪，可能是古代存留下的龍王鯨（Basilosaurus），又名械齒鯨。不過令我納悶的是，佇立在湖邊的歐戈波戈雕像，卻雕塑得像一尾Q版的中國龍，脊背上長著許多三角形的龍鰭，頭上還多了一雙龍角，滑稽的東方模樣反而讓人有種啼笑皆非之感，讓我降低了對水怪傳說的莫名恐懼感。

　　而肖恩與女友蕾斯莉的戶外婚禮，就選在這片充滿神話色彩的水怪湖畔。

　　個性崇尚自由又不按牌理出牌的蕾斯莉，還特別在喜帖上註明當天的 Dress Code 是「沙灘裝」，因此親朋好友們清一色都是以輕便的 T 恤、Polo 衫、半短褲、海灘褲，搭配涼鞋或休閒鞋出席，擺脫了在乾熱的荒漠氣候下，還要汗流浹背穿著西裝和小禮服的窘態。

　　就連新郎與新娘也沒有選擇傳統的黑西裝和白長紗，肖恩身著一件米色的短袖襯衫與棕色半短褲；蕾斯莉則是一襲剪裁俐落的棉質連身白洋裝，手中握著一束綁著白色緞帶的黃玫瑰捧花，雖然裝扮簡單卻仍不失新娘子的典雅脫俗。

　　我和史提夫差一點就趕不上那一場婚禮，因為我們的車在九十七號高速公路上就開始「車速異常」，只要加速行駛引擎就會無端的升溫冒煙，為了降低溫度我們只好以龜速走走停停，原本五個多小時的路程，却折騰了八個小時才抵達基隆拿近郊。

　　還好在裊無人煙的公路上，竟然巧遇一輛掛著省級汽車保險公司標誌的拖吊車，才得知我們可以當場加保一項緊急維修險，他們便可代為拖吊到附近的修車廠檢修。熱心的拖吊車駕駛還幫我們呼叫了一台計程車，好讓我們能繼續往婚禮地點趕路。

　　當我們一下計程車後，就上氣不接下氣地往水怪湖畔飛奔，才總算在儀式開始前十分鐘即時入座，其實那些座位也只是排列在湖邊的上百張白色折疊椅。當新郎和伴郎就定位後，音樂緩緩響起，以蕾斯莉的個性當然不會選擇傳統的結婚進行曲，而是採用那首由 The Wedding Band 翻唱 ABBA 的老歌新唱「Bridal Dancing Queen」。

　　在前奏的教堂鐘聲與天使般悠揚的合音中，新娘與父親很另類地從遠處的森林中緩步而出，空氣中飄著些許霧氣，彷彿一縷縷白紗正圍繞著他們。湖面上蕩漾著波光粼粼，就像正隨著音樂而跳躍的音符。

　　蕾斯莉修長的白色身影，宛如林中靈秀飄逸的精靈，在父親引領下一步步走進人群，走向玫瑰花亭下的新郎與神父。在長空無雲的湖光山色裡，這一對新人完成了他們的終身大事，在場的每一位親朋好友與大自然的一景一物，或者是湖中的水怪，都成了這段愛情的見證人。

　　婚禮後的筵席設在肖恩與蕾斯莉新居面湖的前後院，說是筵席其實更像是一場「大吃會」。婚宴經紀公司在洋房旁搭起了一座座園遊會似的白色帳篷，鋪著白桌布的長型餐桌如接龍般呈「凹」字型繞著屋外。

　　餐桌上擺著琳琅滿目各國風味的餐點，從烤牛肉、燉羊肉、千層麵餅、櫻桃火腿、德國豬腳、煙燻鮭魚、脆皮燒雞，到各式各樣的沙拉……應有盡有，最側邊還有專人為食客們現場燒烤各式香腸、熱狗或漢堡肉。後院七八張餐檯

上則放滿五顏六色的甜點，需要酒精類飲料時則可到一樓客廳的吧台，也有經紀公司的調酒師應付客人的雞尾酒或單品酒。

　　當天色漸漸暗下來後，大家也酒足飯飽了，一場在露臺上的舞會終於正式開始。當妝點在屋內屋外的霓虹燈亮起時，肖恩的弟弟充當起 DJ 播放起一首首快節奏的勁歌，在大家互相邀舞的氣氛下，許多帶著醉意的大人和有樣學樣的小孩們，都開始在場子中央扭動起來。

　　期間還穿插了肖恩曲棍球隊的隊友們「鬧洞房」，不過西方人倒是很大方的將它搬上檯面，在眾目睽睽之下惡整新郎與新娘，隊友們蒙住了肖恩的雙眼，請親友們列隊讓他親吻臉頰，由他猜猜哪一位才是冰肌玉膚的新娘本尊，結果

他却錯將某位壯漢隊友誤以為是蕾斯莉，在大夥起哄下差一點就將肖恩與壯漢送入洞房。

高潮戲當然就是被蒙住雙眼的肖恩，透過親朋好友的叫囂與提示，在大庭廣眾「瞎子摸象」試圖將新娘裙底的內褲脫下來！

婚禮的第二天，熱鬧的喜慶氣氛仍然持續，肖恩租了一艘大型的豪華遊輪，招待遠道而來的嘉賓們到歐肯納根湖遊覽，有些人換上了泳衣泳褲，在甲板上的泳池內玩水，或拎著一杯雞尾酒在船頭欣賞著湖岸的美景。船尾還有一座迴旋狀的溜滑梯，當我們駛進湖心後，會游泳的大人和小孩們都迫不及待從高高的滑梯上，噗通一聲滑入湖水之中，在日頭下享受那種刺激的速度感與冰涼感。

Summerhill Pyramid Winery 提供／公關宣傳照

追著太陽跑 ，
一頭栽進去用力戰勝自己！

　　船上的我握著相機不時掃視著湖面四周,深怕傳說中的歐戈波戈會突然浮出水面,將我們的遊艇撞翻然後大快朵頤。不過除了偶爾掠過遊輪邊的噴射艇、風帆和水上摩托車,我始終沒有發現什麼異象。

　　我和史提夫原本只計畫停留在基隆拿兩天一夜,却因為車子引擎需要吊出來大翻修,返家日期才一延再延,最後竟然在肖恩家中寄住了八天。那段期間每天清晨一起床,我便會坐在他們寬敞的露臺上喝咖啡吃早餐,眼睛仍不時盯著遠處的歐肯納根湖,期待水怪出沒的身影。

　　我們也曾在某個黃昏目睹了所謂的「山火」,親眼見到對岸某座山頭因天乾物燥,樹木開始自燃了起來,在短短半個小時就蔓延了半個山頭。蕾斯莉

說這種駭人的景象時常發生在對岸向陽面的山上，有時需要花上好幾星期，動用許多架直昇機撒粉方能撲滅野火。

　　那一次意外的旅程，我們也因禍得福參觀了許多酒莊、果園和農場，還在著名的「夏丘金字塔酒莊」（Summerhill Pyramid Winery）品嚐了各式紅酒、白酒與冰酒，肖恩熟識的酒莊少東「賽帕斯先生」（Ezra Cipes）帶著我們走進葡萄園，親自解說不同葡萄與條件所能釀出的美酒。

　　我才瞭解原來釀造冰酒的葡萄，最適合生長在基隆拿早晚溫差極大的環境，而且必須在最嚴寒的某個冬夜裡，也就是葡萄糖分最高的時候，動員上百名酒莊的農民迅速採收。賽帕斯還提及一瓶 350ml 的冰酒，其實大約需用到三十五磅的凍葡萄所釀制而成！怪不得有些冰酒的價位會如此物以稀為貴。

　　除了美酒之外，基隆拿最富盛名的就是各式各樣的水果，有蘋果、櫻桃、蜜李、杏仁，和許多我喊不出名字的水果。還有一種非常奇特的「紋身蘋果」（Tattoo Apple），果身上有著奇特的各式圖案！

　　聽說果農們在春季時將樹上的蘋果用紙袋包裹起來，不讓它們行光合作用，直到入秋時才取下紙袋，並且在雪白的果身貼上圖案貼紙，當陽光照射後未貼圖案的部位就會漸漸轉紅，成熟時撕下貼紙後，就會出現紅白相間的美麗圖案。如今許多加拿大人都將印有心型的紋身蘋果，當成是婚禮或情人節的禮物。

　　那一趟的旅行雖然無緣見到傳說中的歐戈波戈，我却在歐肯納根河谷的陽光燦爛之地吸收了足夠的日光。更高興的是回溫哥華前，我們的後車廂早已裝滿了一箱箱的美酒與水果，一向將蔬果視如空氣的我，只要想到可以做出一道道新鮮的水果沙拉，再配上來自酒莊的甜美冰酒，在漫長與寂寞的漠地高速公路上，更是心情雀躍地駛往回家的方向！

07

維多利亞沒有祕密

（北緯）48° 25' 43″ N　（西經）119° 29' 36″ W
City of Victoria, BC, Canada

（北緯）48°25′43″N　（西經）119°29′36″W

維 多 利 亞 沒 有 祕 密
City of Victoria, BC, Canada

說到加拿大的首都，許多人會先入為主誤以為是東岸的多倫多，其實是沒什麼觀光名氣的「渥太華」；而提起卑詩省的省會，則有太多人壓根子認定是溫哥華，答案卻是在喬治亞海峽中，一座南北長度和台灣相仿的「溫哥華島」，上面的「維多利亞市」。如果想要在加拿大體驗充滿濃濃英倫風情的景點，那麼就屬這個連英國皇室成員都會密訪渡假的維多利亞！

　　遊輪緩緩航行在喬治亞海峽的水面上，湛藍色的波光在陽光下閃爍著，甲板上時而傳來幾聲讚嘆聲，時而湧來一小群遊客不斷朝著水中拍照。他們可能是看到遠處徜徉於水中的殺人鯨，或是發現用肚腹載著兒女仰游的海獺媽媽，也可能只是看到一頭孤獨漂浮在水中的老海豹。

　　對那些久居於水泥森林的觀光客而言，這片北國風光總能帶給他們許多驚喜，尤其是親眼目睹那些寒帶國家才有的珍禽異獸，他們的這趟旅程也算是值回票價了。我自在地躺在甲板旁的高台上，一邊在溫暖的海上陽光中「行光合作用」，一邊欣賞著大大小小不斷掠過的島嶼。

　　有些小島上小得只有一兩幢洋房，孤獨地飄浮在一望無際的大海之中。我幻想著如果是我住在那種小島上，會是怎麼樣的一種心境？汪洋之中的別墅有網路、PVR 或 Netflix 嗎？每天被一望無際的海水環繞著會發瘋嗎？大海嘯來的

時候，地下室是否有潛水艇可以讓我逃生？亦或是那座島嶼本身就可像航空母艦一樣自由航行？

直到一位同行友人的小孩跑到我跟前，才頓時打斷了我天馬行空的白日夢：「叔叔，你今天到底要帶我們去哪裡呀？是去北極看企鵝嗎？」

我眨了眨眼噗哧笑了出來：「當然不是呀，你難道不知道『北極沒有企鵝，只有北極熊；南極沒有北極熊，但是有企鵝』的道理嗎？」

不過，小男孩只是傻愣愣望著我，表情呆滯了好幾秒。這還真有點兒漫畫橋段，只差我們頭頂上並沒有一隻無趣的烏鴉緩緩飛過。

我只好換個方式，用裝可愛的娃娃音跟小男孩説：「底迪，我們現在正要到一個很美麗的地方叫做『維多利亞』喔！它是一座和英國倫敦非常相像的古老城市呢！」

我自認自己賣萌的肢體語言，已經可媲美幼兒頻道上的什麼「焦糖哥哥」或「小蜜桃姐姐」。他這次總算聽懂我的話了，還睜大眼睛大聲喊著。

「我知道！就是我媽媽這幾天，一直叫王阿姨帶她去的那麼地方……『維
─多─利─亞─的─祕─密』嘛！」

這次反而是我愣在那裡。

只見那位辣媽友人猛轉過頭來，花容失色地喊著：「要死呀！你是要全
天下的人都知道，你老媽是穿什麼牌子的內衣嗎？我們今天是要去『維多利亞
市』，不是去『維多利亞的祕密』，這一個維多利亞是沒有祕密的！懂嗎？」

小男孩的眼神突然黯淡下來，彷彿搭上這麼一艘酷炫的白色遊輪出航，卻
是要到一個「沒有祕密」的維多利亞，一瞬間所有的神祕魔法和想像空間全都
消失了。

沒錯，我今天要陪幾位師奶朋友們去的，就是加拿大卑詩省的省會──維
多利亞市。它素以優美的英倫風情著稱，就連許多居住於西雅圖的美國居民，
也常會趁假日駛著小艇登上小島，享受那種完全不同的異國風光與景緻。

著名的卑詩省議會大廈（The Parliament Buildings）就座落於市區中心，它
是由當年年僅二十五歲的建築師法蘭西斯‧拿頓貝利，所設計的一幢維多利亞
風格建築物。在一八九三年省議會大廈未完工之前，這位名不見經傳的年輕建
築師，還曾被多方質疑他的經驗與能力，結果在大廈順利竣工後，他出人意表
的傑作卻從此讓他平步青雲。

拿頓貝利旋即被當時的「太平洋鐵路局」延聘為建築師，專職加拿大西
岸的都市景觀規劃，舉如：省議會大廈斜對面的「帝后酒店」（The Fairmont
Empress Hotel）、「水晶花園」（Crystal Garden）、蒸氣船碼頭，甚至連班芙
國家公園的露易絲湖「城堡酒店」舊樓，都是出自他的神手之作。

那也是為什麼維多利亞市的英式建築景觀，總有一種相互呼應、相輔相成
的協調感，原來都是出自這位從英國移民過來的加拿大建築師之手！

在如此英倫風情滿溢的懷舊之城，我那幾位愛裝模作樣的女性朋友，當然也不會錯失體驗當英倫假貴婦的癮頭。她們聽聞維多利亞內港的帝后酒店，最聞名的就是茶廳室裡純英式的下午茶，因此早早就請朋友在網上訂好了位子。

不過，這間專為英國皇室所設計的酒店，有非常高規格的 Dress Code，也就是進入各個餐廳用餐時，絕對不能穿著短褲、運動褲、牛仔褲、海灘裝、拖鞋或涼鞋。所以在 Check-In 之後，我的那幫假貴婦朋友們，就開始忙著濃妝豔抹、盛裝打扮了！

當大夥兒都穿戴得光鮮亮麗，走進大堂旁的下午茶廳室後，彷彿也瞬間被拉進了時光的蟲洞裡。那片廳堂佈置得極致古典卻又不失華麗，牆壁上掛著好幾幅十九世紀的風景及人物油畫，憑欄的角落還有鋼琴師的現場演奏，悠揚的古典樂聲就那樣輕柔地流瀉於暖色調的空間。

我們桌上的擺設除了有銀製的水壺、刀叉、糖與奶精罐，還有花色紅豔的維多利亞風餐具與杯具。我順手將小碟子翻過來一看，才發現每只磁器底部都印著 The Fairmont Empress Hotel 的專屬字樣，而且每一件都是貨真價實來自英國窯廠的磁器！

　　他們除了布置與器皿考究，就連服務生也多是超過二十年經驗的專業伺者，只因加拿大仍屬「大英國協」（Commonwealth of Nations）成員國之一，而維多利亞市也是英國皇室的王公貴族喜歡走訪、觀光或遊學的地點，所以帝后酒店向來就是招待那些皇室成員的前鋒，對於餐廳內伺者們的訓練與要求，當然也就採以高標準。

　　當我們這幾桌的專屬伺者們，為每位用餐者送來了第一道冰涼甜品「鮮奶油藍莓」時，還熱情告知我們碰巧遇上了藍莓收成季節，所以才會有這麼一道新鮮的現採甜品，不然其他月份的開胃甜品，通常就只是「鮮奶油草莓」而已。

　　侍者們隨後又送來每位座上客的英式茗茶，和那種電視劇裡才見過的小巧歐式點心架！五顏六色的點心依照類別區隔為三層。最底層是五種口味的三明治，分別有煙燻鮭魚吐司捲、雞蛋沙拉可頌、咖哩雞全麥三明治、黃瓜沙拉三明治與肉醬奶油小麵包；中間那層有幾只英式傳統鬆餅（Raisin Scones）配以瑞士果醬；頂層則擺著四種口味的小蛋糕，搭配巧克力與水果混搭的可口甜點。

　　這一頓燈光好、氣氛佳的下午茶，除了令人沉醉在正統的英倫情調之中，就連每一道點心、茶點與服務陣仗也絕對的道地！既然都說是國際知名的皇室下午茶，那麼在價位上當然也就不會太平民，它的下午茶定價從五月至九月，每位是加幣六十元多左右（稅金與小費另計），其他月份則為每位加幣近五十元。

　　這裡既然號稱是英式風情的小城，那麼當然也不能錯過內港邊的那幾家「炸魚薯條」（Fish n' Chips）店了！能夠外帶一份當零食，悠哉地坐在港岸的草坪上，優閒地欣賞過盡千帆的美景，的確是在喧囂的水泥森林長大的我們所少有的體驗。而且無論你是選擇炸鱈魚、比目魚（Flounder）或大比目魚（Halibut），你會發現那些炸魚幾乎沒有任何魚腥味，因為它們全都是由漁家們現捕現炸的新鮮魚貨。

　　第二天，我們花了大半天時間，參觀了舉世聞名的「布查特花園」（The Butchart Gardens），它位於維多利亞市的北邊二十一公里。這座花園原本是布

查特家族水泥廠的石灰礦坑，一九○四年起布查特先生（Robert Pim Butchart）將之廢棄後，卻成了布查特夫人（Jennie Butchart）私人拈花惹草的新地點。

　　剛開始她還只是隨便種些碗豆或玫瑰，不過養花伺草的興趣卻從此一發不可收拾。在往後的幾十年中，布查特夫婦竟然栽培了超過千萬株的奇花異草！並且將廢棄的舊礦場起死回生，美化成一座占地二十二公頃的花卉伊甸園。

　　除了夫婦倆所親手打理的「低窪花園」（Sunken Gardens），他們也於一九○五年請了日籍景觀設計師，設計規劃正統的「日式庭園」。一九二九年間，又陸續建造了「義大利花園」、「地中海園」與最廣為人知的「玫瑰花園」。

布查特花園在不同的季節，呈現出完全不同的景緻與風情。春季時，有櫻花、杜鵑花、水仙花、鬱金香之類的球莖植物，帶給園內花團錦簇的粉嫩世界；夏季中，玫瑰花園有超過二百五十多種玫瑰爭奇鬥豔的美景，晚間更有露天音樂會與煙火表演。

秋季裡，則是海棠花與大麗花的盛開季節，當然也少不了近百種楓樹轉紅的繽紛景色；冬季時，整座花園則是被成千上萬的燈火所妝點，通常現場還會有銅管樂團演奏，遊客們可以自在悠遊於園內的滑冰場，享受那種充滿西方節慶的溫馨氣氛！

布查特家族世世代代已投入這份園藝事業長達一個多世紀，每年接待來自全球近一百多萬名的觀光客。並且也終於在二○○四年，被加拿大官方正式列為「加拿大國家歷史遺址」！它除了是一座花園，更是許多畫家、園藝家、攝影師，或所謂浪漫主義者們，捕捉靈感時的夢幻莊園！

我們一行人相機裡的記憶卡，也在布查特花園內被謀殺得幾近滿格！我那幾位貴婦朋友們的本能與天性，當然不會錯過在每一個定點都騷首弄姿幾回，留下與花兒們爭奇鬥豔的芳姿翦影⋯⋯

離開布查特花園後，我們轉往島上的另一個小城「登肯市（Duncan）」。那座城鎮最特別之處，是在市區的大街小巷都可見到五顏六色、千奇百怪的圖騰柱，因此登肯市才會有「圖騰之城」（The City Of Totems）的美名。從火車站、市政廳，到公園廣場，就有多達八十多根巨型的圖騰柱，這個數字還不包含巷弄內的私人中小型圖騰，而且新圖騰柱仍在不斷增加當中。

登肯市之所以會成為圖騰之城，是因為該城早年居住著許多原住民，其中又以「科維昌部落」（Cowichan Tribes）居多。一九八五年，加拿大先住民「第一民族」（First Nations）為了延續歷史與文化的傳承，開始大張旗鼓延攬原住民藝術家們，創作各種不同類型的圖騰柱，並且以簡約風格與現代意象，重新

詮釋這項傳統的雕塑藝術，而那些來自不同部落與家族的鬼斧神工之作，如今全部收藏在登肯市的公共場所。

我個人非常熱愛北美原住民的藝術品與音樂，更喜歡觀察不同部落所偏好使用的色彩與圖案、對大自然萬物所賦予的獨特圖騰形象，以及他們充滿豐富想像力的古老神話故事。因此我在登肯市走訪了許多地點，參觀了不同雕塑家們的圖騰雕刻過程，以及柯維昌部落特殊的毛衣（Cowichan Sweater）編織表演，度過了一個非常民俗風的原住民午後。

最後我們當然沒有錯過，驅車前往全世界最多牆畫的「舒美尼斯鎮（Chemainus）」！當地的老人家告訴我，舒美尼斯在原住民語言意指「破裂的胸膛（Broken Chest）」，是為了紀念當年一位勇敢酋長的英勇事蹟而命名。

此鎮自一八五八年開始，一直都是以伐木立業，直到八十年代初期，鎮上最具規模的一間鋸木工廠倒閉後，居民們才頓時陷入經濟危機中，甚至不知道往後還能靠什麼維生。還好有幾位鎮民想出了一個讓舒美尼斯鎮起死回生的點子，就是在鎮上各個景點繪製巨幅的壁畫，將這個原本以伐木維生的單調小鎮，轉型為一個充滿藝術氣息與歷史典故的觀光小鎮！

從一九八二年的第一幅壁畫開始，小鎮至今已經繪製了超過四十幅各類主題的巨幅壁畫，只要沿著馬路上的黃色腳印走，就可以瞭解每一幅壁畫背後的動人故事。這些壁畫除了有印地安原住民的英雄事蹟、懷舊的英國鄉村景緻，還有許多早期西方社會的古樸風貌。

其中更有不少以東方元素為創作主題的壁畫，有些記錄了百年前來自中國沿海的工人，在加拿大修建太平洋鐵路時的艱辛畫面；

有些則是舒美尼斯鎮在伐木全盛時期，以中國勞工為主的工作隊（Bull Gangs）進駐運木區工作的繁榮盛況……。它們全都是來自各地藝術家們的精心之作，以壁畫為舒美尼斯鎮描繪出不同時期的發展史，也將這個本來快要荒廢的小鎮，帶來了商機無限的觀光人潮。

假如你對這片美洲大陸的歷史有興趣，想瞭解更多早期歐裔移民的生活型態、中國勞工在加拿大奮鬥的辛酸血淚、日本早期移民所遭受的不平等待遇，或是這片土地的主人──原住民的來龍去脈……那麼維多利亞市、登肯市與舒美尼斯鎮，將可帶給你一場豐富的北美縮影之旅，讓你對這片充滿祖靈的美麗土地，有更深入與感動的共鳴。

典藏之旅

亨廷頓藝術

08

（北緯）34° 7' 22" N　（西經）118° 6' 47" W
City of San Marino, California, USA

（北緯）34° 7′ 22″N　（西經）118° 6′ 47″W

亨 廷 頓 藝 術 典 藏 之 旅
City of San Marino, California, USA

小時候，從父母的老唱機上聽過一首叫「南加州從來不下雨（It Never Rains in Southern California）」的老歌，那時候還不知道什麼叫做南加州，更無法想像怎麼會有地方從來不下雨？那幾年追逐陽光城市的旅行中，造訪了洛杉磯、帕薩迪納、聖瑪利諾……我才知道原來那裡就是歌詞中的南加州！在我停留的半個多月中，的確從來沒有下過雨。

這段旅程的起點，源於一位生於一八五〇年的維吉尼亞州女子——艾洛貝菈（Arabella），因為如果沒有她與夫婿對文學與藝術的收藏熱情，我們就不會有那一場與美麗邂逅的豐富之旅！

艾洛貝菈曾是位國色天香的絕色佳人，她的美貌與氣質絲毫不輸給瑪格麗特・米切爾的小說《飄》那位南方美女郝思嘉，但也因此帶給艾洛貝菈人生中三段不平凡的羅曼史與婚姻，相對也讓她經歷過與兩任夫婿的生離死別。她與第一任丈夫沃遜（Worsham），是在紐約相戀而結婚，但沃遜卻在她產下一子後，便撒手人寰天人永隔。

不過艾洛貝菈的相貌出眾、冰雪聰明，並沒有讓她就此成為籍籍無名的寡婦，反而因緣際會結識了十九世紀美國知名鐵路業「四巨頭」之一的克利斯・亨廷頓（Collis P. Huntington），並且迅速步入禮堂。

　　隨著第二段的婚姻，克利斯亦愛屋及烏領養了艾洛貝菈的兒子為繼子。然而當年高齡早已七十二歲的克利斯，卻在結婚六年後就無福消受美人恩，也跟著駕鶴歸西，只留下獨守空閨的年輕妻子，與一筆天文數字的龐大遺產。

　　克利斯的姪子亨利 · 亨廷頓（Henry E. Huntington），是克利斯生前最得力的助手，為了確保叔叔所遺留下來的江山大業，不會因為艾洛貝菈再度改嫁而落入外人之手，遂決定與原本的髮妻協議離婚，並在幾年後前妻病故身亡，才正式迎娶那位與自己同年齡的嬸嬸艾洛貝菈為妻。

　　如今聽聞這種婚姻邏輯或許有些不可思議，不過在前兩個世紀的美國保守派豪門中，這類的現象其實還算屢見不鮮。

　　艾洛貝菈與亨廷頓家族叔姪的兩段婚姻，除了曾是當時報章雜誌的頭條，亦造就她成為十九世紀美國最富有的名女人「亨廷頓夫人」，更將第三任丈夫推向了鐵路大亨的地位。這一對最終修成正果的亨廷頓夫婦，也就是知名的「亨廷頓圖書館／藝術典藏館／植物園」（The Huntington Library, Art Collections & Botanical Gardens）的幕後推手。

　　亨利‧亨廷頓在退休時於南加州的聖瑪利諾（San Marino），買下了一片總面積達兩百多英畝的地產，除了與妻子居住於此莊園內，更因為亨廷頓夫人喜愛書籍與藝術品，進而在莊園內建造了圖書館與藝術典藏館，以及多座不同主題的植物園。亨廷頓莊園之大，就算花一整天也不見得能鉅細靡遺一一瀏覽完，而且如今已開發的莊園用地，其實才僅占整片土地的九十英畝而已。

　　在熱愛收藏的女主人薰陶下，莊園圖書館內收藏了許多絕版或孤本的古籍與手稿，藝術典藏館內更有十九世紀前的歐洲油畫、宮廷畫、雕塑、傢俱與飾品。當年亨廷頓夫人除了親手主導與規劃收藏品，更親自或派遣專人到歐洲各地，採購符合她鑑賞品味的古董、珍本、名畫與藝術品，再千里迢迢裝箱海運回美東的紐約港，輾轉以鐵路貨車運到南加州聖馬利諾的莊園。

在亨廷頓夫人生前，莊園內就已經積累了海量的曠世藝術傑作，市值至少超過五百萬美元以上。而亨廷頓夫人過世後，受到耳濡目染的亨廷頓先生也延續了妻子的興趣，繼續在歐洲及美國本地購買了不少藝術品。

亨廷頓夫婦於一九一九年，將他們的莊園與典藏品轉手捐給非營利的教育託管會，才進而有了如今的亨廷頓圖書館、藝術典藏館和植物園，他們將那些美麗的一景一物，開放給同樣熱愛藝術的民眾們參觀，作為亨廷頓家族取之於社會，回饋於人民的美意。

如果沒有亨廷頓夫人對古董與藝術品的收藏熱情，或是沒有亨廷頓先生大方將土地所有權與典藏品捐獻公益，那麼我和哥哥也不可能如此輕易在聖馬利諾，親睹到那些來自歐洲各地的經典藝術品！

在追尋太陽的旅程之前，我秉持過往的背包客精神，連夜在網上預定了「好萊塢復古電車之行」（Hollywood Trolley Tour）、「洛杉磯雙層巴士之行」（Los Angeles City Sightseeing Bus），在當時氣溫近攝氏四十度的氣候，連續幾天 Hop on - Hop Off 走訪各大景點，儘管已經將我和哥哥曬得像一對黝黑的東南亞兄弟，可是那種在大都市走馬看花、浮光掠影的緊湊行腳，卻沒有帶給我們太深刻的心靈之旅。

　　直到帕薩迪納的民宿女主人提及，位於聖馬利諾有一座知名的「亨廷頓莊園」後，我們才恍然大悟近在幾條街之外的樹林深處，竟然有一座被稱為是「全球最令人難忘的花園圖書館」！

　　剛聽到圖書館這個名詞，還以為只不過是另一棟鋼筋水泥的現代建築物，結果一上官網查詢後，才被那座充滿歐式風情與歷史背景的莊園所吸引，近而成為那次南加州之行最推崇的亮點之一。

　　當車子在牛津路（Oxford Road）上，緩緩駛進亨廷頓莊園充滿貴氣的雕花縷空銅門後，彷彿瞬間回到了上個世紀初期的光景。下了車，走在芳草碧連天的花園步道上，連綿的樹蔭裡透著搖曳閃爍的陽光，沒有多久就見到一大片綠草如茵的廣場，以及在綠意盎然間若隱若現的兩幢雪白建築物，一幢就是亨廷頓圖書館的主樓，另一幢則是亨廷頓藝術典藏館。

　　我們首先參觀了那棟專門收藏稀世珍本的圖書館，館裡除了收藏著亨廷頓夫人六百萬冊的古董藏書及手稿，更常有不同主題的圖書展覽。我所到訪的那

天剛好是「Illuminated Palaces: Extra-Illustrated Books」的展期，一樓大廳正展出歐洲近六百年以來，出現在古書中的一些手繪插畫與闡釋圖。

那些以老式沾水筆或鴨嘴筆細膩描繪的線條畫，以及淡彩風格的彩圖，有些出現在巨型的醫學或科學圖鑑中，有些則穿插於孩童閱讀的古老繪本裡，原始的文字與插圖交融之美，不禁讓我感嘆這不就是現代美編藝術的前世今生？

亨廷頓夫人最為人知的古籍收藏品，就屬歐洲首本人工活版印刷的古董書《古登堡聖經》（Gutenberg Bible），以及多位大文豪的文學著作，諸如：喬叟（Geoffrey Chaucer）的首刷書集、莎士比亞較早期的文學作品、雪萊（Percy Bysshe Shelley）與狄更斯（Charles Dickens）的寫作手稿。

除了古董書冊之外，亦有許多早期名人政要的親筆真跡，舉如：華盛頓簽署過的官方文件，傑弗遜、富蘭克林、林肯等人的親筆信件。

　　當然也少不了一些珍貴的報章收藏，其中較著名的就是一八八一年《洛杉磯時報》（Los Angeles Time）的首刷創刊號，看著泛黃的新聞紙上，印刷著如影印機解析度的高反差圖片，我突然想起那句「秀才不出門，能知天下事」的古語，曾經彰顯了報紙所帶給人類的無遠弗屆，如今卻被「宅人不出門，網購天下物」的電腦或行動裝置所篡位了。

　　當普羅大眾越來越習慣在筆電上打字，在平板電腦上閱讀電子書籍時，我們也相對失去了過往文字創作時，那種刻骨銘心、嘔心瀝血的手抄謄稿過程，就連昔日閱讀書籍時，與紙張接觸的那種親切手感，也正在逐漸離我們遠去。

　　亨廷頓圖書館裡所典藏的文學真跡，一篇篇文學大師們百年之前的手抄文稿，無疑帶給我許多省思，細想當代的作家們在百年之後，所能留下來的文學遺產將會是什麼？一片片冰冷的光碟？USB 隨身碟？或是外接式硬碟？往日那些情感雋永的創作過程與手抄真跡，也即將從我們這一代開始不復見……

　　我和哥哥隨後參觀了亨廷頓藝術典藏館，這一幢外觀與格局宛若古典豪宅的兩層白色洋樓，或許曾經是亨廷頓家族的住所，因為從內部有穿堂、迴廊、客廳、書房、餐廳、起居室……到宴會廳的布局，的確與一般博物館或美術館的陳設大相逕庭。

　　館中最知名與最令我印象深刻的兩幅畫作，就屬「桑頓肖像畫廊」（Thornton Portrait Gallery）裡的《小指》（Pinkie）和《藍衣男孩》（The Blue Boy），它們被喻為是「洛可可肖像畫」（Rococo portraiture）裡的羅密歐與茱麗葉。

　　許多人都誤以為這兩幅油畫出自於同一位畫家，其實它們分屬英國畫家「湯馬士・勞倫斯」（Thomas Lawrence）與「湯馬士・庚斯博羅」（Thomas Gainsborough）的畫作，創作年代也相隔了四分之一個世紀。勞倫斯是小指的畫者，亦曾是英國皇家藝術學院的校長。庚斯博羅則是藍衣少年的畫者，曾為英國皇室御用的宮廷畫家，也是十八世紀末非常著名的英國肖像畫家。

　　這兩幅畫作刻意被掛在偌大的桑頓肖像畫廊南北兩面牆上，近百年與對方遙遙相望，原本毫不相關的兩幅畫，卻被充滿想像力的賞畫者們認為，小倆口日夜相望肯定早已「日久生情」了，總覺得館方應該要將兩幅畫中的男女孩早日配對！

　　隨著報章雜誌的報導，那段充滿神奇色彩的佳話也越傳越出名，還成為北美眾多博物館中最受賞畫者們喜愛的少年與少女肖像畫，館方順應民意還推出過他們的陶瓷版公仔，甚至還有它們倆愛情結晶的嬰兒公仔。

　　不過畫中乳名為小指的小女孩，其實本名為莎菈・莫爾頓（Sarah Moulton），是一位父母雙亡從牙買加赴英國求學的小女孩，十二歲時就在倫敦因病去逝；藍衣男孩則是強納生・勃透（Jonathan Buttall）的肖像，據說他是一位英國金屬製品富商的兒子。

　　他們在世時或許會被英國社會認為是門不當戶不對的兩種階層，實際年齡又相差三十一歲。但是兩百多年之後，畫中的兩人卻被充滿想像力的賞畫者們，公認為是最適配的一對金童玉女！

　　小指這幅畫之所以吸引人，在於勞倫斯在裙襬上細膩的描繪，那一襲栩栩如生隨著海風飄揚的薄紗裙，與小女孩優雅婉約的站姿，不禁讓我聯想起桑德羅・波提切利（Sandro Botticelli）的畫作「維納斯的誕生」！

　　這幅畫在天空浮雲的處理手法，也有著非常戲劇化的用色，陰鬱的天空泛著帶點灰藍色的雲朵，彷彿透露著畫中小女孩若有所思的早熟與陰霾。小指是亨廷頓先生生前親自購買的最後一幅畫作，也是唯一一幅在他病逝前，無緣親睹掛進桑頓肖像畫廊的油畫。

　　而藍衣男孩之所以吸引賞畫者，在於庚斯博羅對緞面服裝上皺褶的精湛寫實功力！雖然畫中少年臉上是極男性化的「陰陽光」，膚色卻又帶著點孩童粉嫩的光澤，巧妙營造出了少年英雄的那種驕傲感！彷彿正出神凝望著遠方的小指女孩，並且認真地擺出了一個很帥的 Pose！

　　除此之外，在亨廷頓藝術典藏館裡，更陳列了不少十七至十九世紀的歐洲著名油畫、雕塑、瓷器、銀器、家具、家飾等藝術品，也有部分是來自中國明清朝代的北京官窯陶瓷。雖然這些僅是亨廷頓夫婦晚年才開始蒐集的典藏，卻可從中窺探出夫婦倆對藝術品一流的審美觀，造就了這座藝術典藏館曾被評為是首屈一指的非官方博物館。

　　莊園內另有一座「美國藝術典藏館（American Art Collection）」，館內共分為三個畫廊，薈萃了一六九〇年至一九五〇年美國本地早期與當代藝術家的作品，所展出的收藏品包括紐約、費城和新英格蘭地區初期的繪畫、雕塑、工業藝術、殖民地風格作品，呈現出美國藝術史的多元與進程。

　　雖然亨廷頓的植物園並不是此番的重點旅遊，不過我們卻也順著遊覽動線「誤闖」了好幾座花園，其實整座莊園根本到處都是吸引人的園景！它們共有：莎士比亞花園、澳洲花園、中國花園、日本花園、亞熱帶花園、沙漠花園、叢林花園、棕櫚園、山茶園、玫瑰園、香草園和蓮花池，以及兒童專屬的水花園……林林總總十五座不同風格的花園。

　　這些花園全是百年前亨廷頓先生一手策劃建造的，當時的造價就已是高達千萬美金。其中最讓我驚豔的就屬沙漠花園裡的景緻，我從來不知道沙漠中的仙人掌竟然有近兩千種類別，有些會長出鮮豔的花朵；有些還會生出如葡萄般的果實；有些甚至有黃、綠或紅色的火龍果。

　　最有名氣與造價最昂貴的，應該就屬中國花園內的「流芳園」，蘇州園林的湖泊、涼亭、假山與石橋，乃至古色古香的欄格與碧瓦，全都是出自「中國蘇州園林建築設計院」與陳勁為設計師之手，巧妙的打造出融合江南園林的淡雅，與北方皇家園林的氣派！中國花園裡還有一座道地的中式品茗館，除了提供各色茗茶，亦供應傳統的東方小吃。

　　我與哥哥平日吃多了中式茶點或美食，來到亨廷頓莊園當然只想嚐嚐歐風的午茶，因此才捨流芳園的品茗館不顧，選擇了玫瑰園內的 The Rose Garden Tea Room。不知道是服務過於周到或有點歧視的意味，門口領檯的洋人見到兩位東方面孔闖了進去，第一句招呼我們的話竟然是──

　　「兩位是第一次蒞臨本餐廳用餐嗎？你們知道這裡下午茶的未稅消費是每位美金三十元左右吧？」雖然語氣中只帶著一丁點的輕蔑，卻依然被我給嗅到了！

　　我低下頭皺了一下眉，將眼神從他的皮鞋緩緩往上游移到他的雙眼，看得他有點不自在後，才定睛回答：「那～我倒想嚐嚐你們下午茶的質量，到底有沒有我在倫敦嚐過的道地！」

　　他像是被我的隱形掌甩了兩記耳光，馬上認份地領著我們進入靠近花園的用餐區。

　　我並不排斥自助餐，但是當自助餐與英式下午茶勾搭在一起後，這看似高檔的玫瑰園下午茶，整個就 Low 了下來，因為餐桌上少了那種英倫午茶時的招牌銀製三層點心架，一切想要享用的點心或水果，全都要靠自己的一雙腿去餐檯取用。

　　難怪我們旁邊幾桌的洋貴婦們，根本就沒法子裝模作樣地優雅起來，不但沒心情翹著小指頭端起花磁茶杯道八卦，還要遠遠盯著自助餐檯上的三明治或甜點，是否已經被搶光了。雖然該有的小巧三明治、各式奶酪、新鮮水果、時

令沙拉，和秀色可餐的小甜點一樣都沒有少，不過卻多了些英式下午茶不可能出現的奇怪炒麵和通心粉，霎時那種花錢吃氣氛的質感馬上蕩然無存。

　　撇開那一頓不是挺到位的英式下午茶不談，我們在亨廷頓莊園的藝術典藏之旅，依然是那次南加州之行最精彩、最值得回味的心靈旅程。如果你也和我

們一樣，並不是個迪士尼樂園或環球影城的大粉絲，那麼下次到洛杉磯或帕薩迪納時，千萬別忘了順道走訪聖馬利諾的──亨廷頓圖書館／藝術典藏館／植物園，它絕對可以讓你感受到南加州充滿文化、文學與藝術氣息的另一面！

華盛頓湖的翡翠之城

09

（北緯）47° 36' 35" N　（西經）122° 19' 59" W
City of Seattle, Washington, USA

（北緯）47°36'35"N　（西經）122°19'59"W

華 盛 頓 湖 的 翡 翠 之 城

City of San Marino, California, USA

你是否曾經因為一本小說或一部電影，而對某個城市充滿了嚮往？甚至有一天帶著「朝聖」的心情來到了那個城市，走訪小說或電影中所提及的每一個場景？我就是那種帶著任性又憑著感覺旅行的人吧。

在溫哥華留學的學生時代，我曾經非常沉迷於梅格 · 萊恩（Meg Ryan）的每一部電影，看過她的「西雅圖夜未眠（Sleepless in Seattle）」後，還和兩位日本同學傻傻地驅車跨過邊境，到位於溫哥華南方的西雅圖市區，尋訪電影中每一個拍攝的景點。

當年那一股對「美國甜心」單純的熱情與衝勁，直到梅格 · 萊恩將自己整型得像瓊 · 瑞佛斯（Joan Rivers）後，我的追星夢才正式宣告終止。

不過這麼多年以來，我卻和西雅圖結下了不解之緣，看過它在多家巨擎進駐後的繁榮，也見過它在金融風暴後的蕭條。過往曾經是許多美國人跨過邊境到加拿大血拼便宜貨，有時卻因為加幣走強，又變成住在加拿大邊境的我跨過美國邊境，到西雅圖的 Outlet 去瘋狂大瞎拼。

　　當然，會激發我常到西雅圖的動力，就是每年三、四月會在「華盛頓州會議與商貿中心」（Washington State Convention & Trade Center）所舉辦的「Sakura-Con」動漫電玩祭。這個活動是西雅圖最知名的 ACG 盛會，每次展會為期三天並且二十四小時全日無休，不只是美國各地熱愛動漫和電玩的粉絲會慕名參加，也有許多像我這樣從加拿大驅車去共襄盛舉的楓葉國粉絲！

　　Sakura-Con 會場除了有偌大的日本動漫與電玩展區，每年也會邀請許多知名的日籍漫畫家或動畫聲優，甚至是動畫主題曲的演唱團體來辦演唱會。除此之外，整個 ACG 盛會就像是一座動漫電玩粉絲的會議中心，有許多活動區塊提供給動漫同好申請使用，有些團體是辦動漫 Cos-Play 大賽，也有的是辦電玩專題講座或茶會，更有的區塊提供二十四小時觀賞動畫、打電玩、下圍棋，或是進行動漫歌曲卡拉 OK 大會。

　　而每一次參與完 Sakura-Con 會展之後，就是我重遊西雅圖的自由行時段，儘管許多觀光點我早已造訪過許多次，但是每次總還是會有景點讓我有些小驚喜或大改變。

　　提到西雅圖你會聯想到什麼？微軟總部？比爾蓋茲的豪宅？或是波音工廠、任天堂遊戲、亞馬遜網路書局的總部？不過，今天我所要介紹的並不是那些硬梆梆的集團或機構，而是一些能夠讓你的眼睛與心情變美麗的景點。

派克市場（Pike Place Market）

　　這個知名市場就在埃利奧特灣（Elliott Bay）的派克街（Pike Street）上。它建於一九〇七年間，是全美最古老的農貿市場之一，原本僅是提供給農夫的農作物交易，後來也因地利之便有了漁夫們的交易攤位，如今更有許多知名餐廳與店家進駐，因此也被稱為是「西雅圖的心臟」。派克市場內或派克街上，有太多知名的觀光景點，你可以花一個下午在海風與陽光下漫步於這些古老的景點。

　　首先，可以去參觀那面出現在許多電影的「Public Market Center」紅字招牌，還有招牌底下那頭青銅製的吉祥豬「雷切爾」（Rachel and Pigs on Parade）！聽說來自全世界的觀光客常會將自己國家的錢幣，投進這隻重達五百五十磅的銅豬撲滿裡，因此雷切爾每年都會收到約美金六千到九千元不等的各國貨幣。

　　當你進入市場之前，千萬別忘了在入口處的第一攤魚販前停一下，因為只要有客人跟他們買魚時，你就可親睹他們知名的「丟魚秀」（Flying Fish），當然人有失手、馬有亂蹄，可別為了拍照靠得太近，而讓生魚飛砸到你的臉上喔！

　　如果你是星巴克的忠實顧客，那麼就別錯過派克市場旁的「星巴克創始店」。它的外觀可沒有你想像得那麼旗艦店，僅是以很古色古香的「星巴克綠」來裝點外牆與雨棚，再配上已難得一見的「第一代」雙尾美人魚店招！在創始店中值得一買的就是他們的紀念咖啡杯，因為上面所印的是全球分店絕無僅有的創始商標！

　　繼續往派克市場漫步，你還可以找到曾經被票選為全美最噁心景點之一的「口香糖牆」（Gum Wall），它就位於吉祥豬雷切爾的後方，花店旁的樓梯走下去之後，就可見到那條古老的街道和一堵一堵黏滿各色口香糖的恐怖牆面。

　　假如你願意細細去端詳那些奇特的牆面，你會發現許多人還發揮了創意，將嚼過的口香糖捏成笑臉、星形或各國國旗。聽説那棟建築物曾經是一間戲院，當年許多等待排隊入場的年輕人，常會窮極無聊將嚼過的口香糖順手往牆上一黏！日積月累就形成那些五顏六色的另類「裝置藝術」。

　　沒錯，你也可以準備好口香糖，在那裡光明正大的亂黏口香糖，成為眾多的口香糖創作者之一。

如果你想在派克市場內大快朵頤一番，那麼可以到「Pike Place Chowder」嚐嚐號稱是美國西北部最好吃的巧達湯、擠進永遠座無虛席的「Lowell's」吃早午餐、到電影「西雅圖夜未眠」中湯姆‧漢克斯和友人談心的那間「Athenian Inn」裝模作樣一下。

或是在「Le Panier」法式麵包店帶幾個「少女酥胸」馬卡龍，順便也到「Piroshky Bakery」嚐一嚐不同風味的俄羅斯麵包！總之，派克市場已經不只是個傳統的公眾市場了，它還是個匯集各國美食的集散區，讓你能夠一次看、玩、吃個夠！

太空針塔（Space Needle）

假如巴黎的地標是艾菲爾鐵塔、紐約的地標是自由女神像，那麼西雅圖的地標應該就屬太空針塔了！一九六二年世博會在西雅圖舉辦之前，市政府為了建構一座具代表性的標誌建築物，從眾多的投稿作品中才甄選出這個飛碟造型的觀景塔，就連名稱也是幾經票選後才塵埃落定。

太空針塔是一座典型的觀景塔，塔高約為一百八十四米，也就是近六十層樓的高度。觀景塔的入場券分為單次或多次入場，我個人是建議購買多次入場，如此就可以在二十四小時內看盡西雅圖的日景、黃昏和夜景，畢竟西雅圖的夜景是出了名的「越夜越美麗」。

　　塔上也和許多知名的觀景台一樣，分為室內和室外兩處觀景區，唯有室外觀景區可以三百六十度環場觀賞到市區、郊區、海港、雷尼爾山（Mount Rainier），以及太平洋上海天一色的美景。如果你和我有相同的嗜好，也喜歡居高臨下欣賞每一座城市的鳥瞰景色，那麼來到西雅圖就別忘記要登上太空針塔喔！

奇胡利花園與玻璃藝術館（Chihuly Garden and Glass）

　　你或許曾造訪過拉斯維加斯的 Bellagio 酒店，那麼應該很難忘記酒店大堂上，那些五顏六色的眩目玻璃藝術品吧？沒錯，那就是知名美國裝置藝術家戴爾 · 奇胡利（Dale Chihuly）的招牌作品風格。

這位華盛頓州獨眼藝術家的花園與玻璃藝術館，就位於西雅圖市區的太空針塔旁。你絕對不想錯過這一個令人驚豔的景點，因為它將會為你的眼球帶來一場華麗無比的冒險，見識到許多你未曾見過的巨大繽紛玻璃藝術作品。

奇胡利早年熱愛收集顏色鮮豔的北美原住民花布與編織物，因此他的作品中也隱約充滿著異曲同工的強烈對比色彩與幾何變化的圖紋。他將自己的玻璃藝術作品分為花園、溫室與藝術館三大部分，每一區的裝置藝術品都令人眼睛為之一亮，我無法想像這個世界上原來還有那麼多不曾見過的瑰麗色彩，在不同的色光下晶瑩剔透的閃爍著。

在溫室內那一座高達一百英呎的知名玻璃藝術品，就是奇胡利目前最大型的裝置藝術，它的龐大與肌理的細緻讓人深深感受到所謂「數大，便是美」的動容。這座巨型的創作是奇胡利與建築師歐文 · 理查茲（Owen Richards）所合作的創作，還曾榮獲美國綠色建築委員會的 LEED 銀級認證。

飛行博物館（Museum of Flight）

西雅圖的飛行博物館，是目前全世界最大的私營飛機博物館，它就位於塔科馬國際機場（Tacoma International Airport）附近，車程大約十分鐘左右。有鑑於波音公司的廠房就在西雅圖，因此更帶動了該市成為一座熱愛飛機的「噴射機之城」（Jet City）。

這座博物館內所展示的不僅僅是各式各樣的飛機，甚至是以「飛行器」的演化進程為展覽主題，從萊特兄弟的木製雙翼飛機、戰鬥機、民航機到太空梭、降落艙、登月車……全都包羅萬象出現在這座博物館內！

要是你也和我一樣對美國總統所搭乘的「空軍一號」（Air Force One）專機有所好奇，那麼就快點到戶外的停機坪排隊，因為那裡就有一台仿真的空軍一號，可以讓遊客們過一過搭上總統專機的乾癮！

　　它的外觀與內裝其實與一般的民航機差別不大，但是卻多了一間非常大的總統專用會議艙，裡面除了有總統專用的超大皮製座椅和書桌，前方還有一整排 U 字型的長沙發，看來應該可容納得下他所有重要的機要官員，在空中與他商討國家大事吧！

薩菲柯球場（Safeco Field）

　　西雅圖除了是咖啡之城、飛機之鄉和科技重鎮，它也是一個對棒球運動有高度狂熱的城市。薩菲柯球場是在千禧年時才正式啟用，因此許多硬體設備都稱得上前沿與新穎，除了球場觀眾席可以容納四萬七千多名球迷，屋頂也是採用可以電力移動的頂蓋式設計，因此無論是雨天或霧天，任何重要的比賽依然可以照常舉行！

　　如果你造訪的期間剛好碰上美國職棒大聯盟（MLB）的「西雅圖水手隊」（Mariners）主場，那麼千萬別怕麻煩！行前就先到水手隊的官網訂票，體驗一下那種在觀眾席上跟著歡聲雷動的氛圍！還有，入場前也不要忘了去買幾份該球場美味又特別的「大蒜薯條」（Garlic Fries）喔！如此才能冒充一下當地人那種……滿嘴大蒜味，對著球場歡呼或尖叫的豪放感！

鴨子觀光巴士（Ride the Duck）

　　雖然這並不是一個觀光景點，不過卻是以一種很另類的「遊車河」方式飽覽西雅圖。因為，這間公司所採用的觀光巴士，還真的和鴨子一樣是一種水陸兩棲的交通工具，光是看外型就已經讓我覺得又搶眼又搞笑，因為它既像是一艘船、又像是一輛巴士。

　　鴨子觀光巴士的起始搭乘站就在太空針塔的斜對面，上車後司機將會載著所有乘客繞行整個西雅圖市區一圈，並且詳細介紹每一個著名景點的典故或由來。這些鴨子司機不知是否上過什麼幽默訓練課程，每一位都像脫口秀裡的喜劇演員，在大約一個半小時的車程中不但笑話不斷，還會帶動每一位乘客一起跟著搞笑與作怪。

　　你也可以在車上跟他們買個鴨子嘴，一邊瀏覽景色一邊在車上學鴨子呱呱叫，司機有時候還會一聲令下，要每位乘客一起拿起鴨子嘴朝著車外的行人或店面齊聲呱呱叫，那些無厘頭的可愛行徑的確讓許多路人捧腹大笑。要是碰到愛作怪的司機還會在不同的景點換上不同的帽子，譬如到了薩菲柯球場他會突

然換上水手隊的球帽，經過太空針塔時又變成了一頂飛碟帽，搞怪的風格的確算是這家觀光巴士與眾不同的亮點！

當巴士抵達「聯合湖」（Lake Union）後，整台巴士就會一古腦兒衝進湖裡，當你可能還在驚聲尖叫時，它早已變身成一艘遊湖艇，如鴨子般優雅地載著你緩緩繞著湖面瀏覽！如果你是個喜歡熱鬧與歡樂氣氛的遊客，那麼別忘記在西雅圖要選搭鴨子觀光巴士，保證可以讓你一路笑遊西雅圖！

說到西雅圖許多人的刻板印象就是「雨城」（The Rainy City），其實除了秋冬之際的確有一段雨季，但是在春夏季則完全是春光明媚、陽光燦爛、海水湛藍的海洋城市。它是個非常適合水上運動的地點，也盛產琳瑯滿目的生猛海鮮，無論是鮭魚、龍蝦或阿拉斯加皇帝蟹，豐富的海產肯定可以滿足饕家們的五臟廟。

它更是個歷史人文與摩登科技並存，卻毫不令人覺得突兀的都會，無論是十八世紀古老的「拓荒者大樓」（Pioneer Building），或是知名建築師庫哈斯

（Rem Koolhaas）所設計的「西雅圖中央圖書館」，都為這個「翡翠之城」（The Emerald City）帶來一種世代交錯的美感。

西雅圖也有「阿拉斯加門戶」的暱稱，也就是在你結束了華盛頓州的旅程之後，就可直奔塔科馬國際機場搭乘前往阿拉斯加的航班，展開下一段追蹤北極光的旅行。當然，你也可以在碼頭搭上渡輪跨越喬治亞海峽，大約一個鐘頭後就可抵達加拿大的溫哥華島，參觀充滿英倫風情的卑詩省省會維多利亞市、圖騰鎮和壁畫鎮！

總之，西雅圖是個四通八達的城市，下次造訪華盛頓州時，千萬不要將行程只侷限在賞櫻之旅，因為它和好幾個知名的北國觀光景點，其實根本就是近如咫尺。

新英格蘭上的

璞玉

10

（北緯）42° 21′ 29″ N　（西經）71° 03′ 49″ W

City of Boston, Massachusetts, USA

（北緯）42°21'29"N　（西經）71°03'49"W

新 英 格 蘭 上 的 璞 玉

City of Boston, Massachusetts, USA

歷經五年追逐太陽的行程，每年從秋末直至初春的行腳，走過了加西、加中到加東，然後從地圖上慢慢往下移進入了美國，由北向南體驗過美西城市不太一樣的豔陽高照，然後轉向了美東城市，開始了波士頓、紐約、布魯克林及紐澤西……的紀行。

　　每次回想起那一年的東岸之行，我的雙眉總會像個快樂的小女孩般突然揚起，卻又會冷不防想起那段機場之旅的夢魘。那次旅行中雖然有許多美麗的歷史古蹟回憶，但也是我人生中首次像個傻瓜似地，從西岸飛到東岸卻轉搭了四班飛機！

　　如果沒記錯，應該是遇上波士頓的馬拉松期間，我平日集哩程的那家航空公司，好幾班直飛的航機都客滿了。眼見既定的假期不容許我更動出發日期，只好委曲求全在網上選擇了轉機行程，還天真地認為轉機票價低廉，那些多飛的航段就當是在集哩程吧！殊不知卻展開了那場為時十七小時，在四座機場中枯等接駁機的窘境，彷彿永遠也飛不到目的地。

　　還好每一次的旅行中，我總會盡量克制住內心的浮躁之氣，避免讓自己在「兵荒馬亂」的氛圍下，錯過身邊那些美好的人事物。那一次也一樣，我只能

相信正面的心情將帶來正面的磁場，正面的磁場也會為我招來正面的運氣，果然在後續邊走邊玩的東岸城市之行，也真的沒有發生任何不愉快的烏龍插曲。

我個人一向熱衷充滿歷史古蹟的古老城市，而波士頓就是那種每走幾步路，都可能在轉角撞上歷史的好地方！大波士頓都會區大致包括了：劍橋（Cambridge）、昆西（Quincy）、牛頓（Newton）、薩默維爾（Somerville）、里維爾（Revere）和切爾西（Chelsea）、沙福克郡（Suffolk County）等城市，當然也還有一些並不算是觀光景點的郊區小鎮。

說它是「美利堅的老祖母」或是美國的發源地，其實一點也不為過。遠在十六世紀初，已經有來自英國的兩派清教徒，飄洋過海在那座半島上扎根，並且將之命名為「三山城」（Trimountaine），這名字當然是源於該城有三座隆起的小山丘。多年後，由於三山城內許多傑出人士都是來自英國林肯郡的波士頓，居民才遂將三山城正式更名為如今的「波士頓」。那座城市的新名字對早期的歐裔移民來說，其實也帶著對老家那股濃濃的遙思之情。

就是如此的歷史淵源與人文背景，造就了波士頓成為一座迷人的城市，而且它更是個遠近馳名的大學城，很難相信在那麼一片小小的土地上，竟然有著上百多所的大專院校，來自全美甚至全球超過二十五萬人次的大學生，擠破頭慕名至此接受高等教育。

　　因此，許多當地人常會洋洋得意地說：「我們波士頓的特產？當然就是滿坑滿谷的『博士』呀！」

　　由於波士頓的市區並不是很大，重要的觀光站點也非常集中，因此我與朋友以觀光巴士（Hop-On Hop-Off Trolley Tour）的懶人遊覽方式，在兩天之內就大致逛完了所有重要景點，其餘的時間我們全留給了劍橋的哈佛尋幽。

　　如果你的時間多、腳程好，其實只需要沿著波士頓市區的「自由步道」（Freedom Trail），依照紅磚的指引動線來散步，就可以逛完四公里路上的十六個重要歷史景點。

　　我個人覺得自由步道上，比較值得推薦的停駐點有：麻州州議會大樓（The Massachusetts State House）、法尼爾廳（Faneuil Hall）、美國憲章號戰艦博物館（USS Constitution Museum）、昆西市場（Quincy Marketplace），還有

步道行程之外的保德信中心空中走廊 （Prudential Center Skywalk），和情境喜劇「歡樂酒店」（Cheers）的原始拍攝地點。

麻州州議會大樓

它與華盛頓特區的國會大廈，其實都是出自建築師查爾斯 · 布爾芬奇（Charles Bulfinch）之手，這棟大樓平日只能自由參觀樓上的議院設施而已，除非當天並沒有議事，就可加入由州議會的解說員所帶領的導覽行程。

這座州議會大樓最奇特的地方，在於它擁有一頂 **23K** 的圓形金屋頂！並不是每一個州的州議會都可如此金冠加頂，而是需要該州出過三位以上的總統，才能按規定擁有此殊榮，讓議會屋頂金光閃閃、瑞氣萬條！

那些出身於麻州的美國總統共有四位，分別是：第二任總統約翰 · 亞當斯（John Adams）；他的兒子第六任總統約翰 · 昆西 · 亞當斯（John Quincy Adams）；第三十五任總統約翰 · 甘迺迪（John F. Kennedy）；第四十一任總統老喬治 · 布希（George H. W. Bush）。

法尼爾廳

亦被稱作是「自由的搖籃」，它規劃在波士頓國家歷史公園之內，外觀雖然毫不起眼甚至有一點像個車站或倉庫，卻是當年美國革命家「自由之子」山繆 · 亞當斯（Samuel Adams）發表脫離英國、推動獨立宣言的重要地點。

許多年長的觀光客常會站在這裡尋思，因為要不是當年那一場場鼓動美國獨立的演講，可能就不會有後來的「獨立宣言」簽署，與「聯邦憲法」的起草，更不會有今天民主自由的美國了！

美國憲章號戰艦博物館

這間博物館內珍藏著當年憲章號的航海地圖，以及許多十九世紀的帆船史料照片、模型與航具複製品。館方於每日四點半以前，每隔三十分鐘都會有戰艦的導覽解說團，在專業人員的解說下，讓我更瞭解憲章號與其他美國戰艦的歷史與背景。

　　憲章號是歷史上服役過的戰艦中，最古老的一艘「木造式帆船」，打從一七九七年後的十五年內，它共有四十多次的輝煌戰績，在美國的軍艦史上可說是最有名氣的一艘，也因此享有「老鐵甲艦（Old Ironsides）」的威名。除了憲章號之外，館內還有另一艘二次大戰的驅逐艦模型「卡欣洋號驅逐艦（USS Cassin Young / DD793）」，對於從小就熱愛組裝軍艦與帆船模型的我而言，那的確是一次深度的船艦知識之旅！

昆西市場

　　它就位於法尼爾廳後方，是由三座長廊式的區塊所組成的，兩側邊的走廊大多是小物與紀念品商店，其中不乏許多波士頓的特產店，是個觀光客們購買平價伴手禮的商圈。而中央的那道長廊則是物美價廉的美食廣場，如果你想嚐嚐本地的海產或不同風味的新英格蘭美食，那麼不妨在玻璃走廊內挑個座位享受午後時光，或者像當地人一樣坐在外面，一邊欣賞著街頭藝人的表演，一邊大啖很英式的炸魚薯條！

保德信中心空中走廊

　　這是個一次可看盡波士頓風光的制高點之一，因為它就位於該市第二高建築物的第五十層樓，樓下是個購物中心的所在，而五十二樓還有一間「天

際酒吧」。在這座空中走廊裡可以眺望到基督教科學中心（Christian Science Center）、約翰‧翰考克大樓（John Hancock Tower）、三一教堂（Trinity Church），甚至是遠在劍橋的麻省理工學院（MIT）的白色大圓頂！假如你也有在不同國家或城市登高遠觀的嗜好，那麼不妨花個十多美元的門票，從另一個角度欣賞大波士頓都會區日落與月升的美景。

歡樂酒店

我不確定有多少人和我有相同的年少回憶，是否也曾觀賞過泰德‧丹森（Ted Danson）的情境喜劇「歡樂酒店」？那麼你就不該錯過該劇取景的地點「歡樂酒店：燈塔山本店（Cheers: Beacon Hill）」，它就位於後灣（Back Bay）的燈塔街上，在這齣喜劇未大紅大紫前，這間酒吧的原名為「Bull & Finch Pub」，後來因為該劇打響知名度後，酒吧也成為許多觀光客所好奇的景點之一，店東乾脆就將酒吧正名為與劇名相同。

雖然該酒吧本店的外觀與當年劇中的場景相去不遠，但是拍攝時期所使用的吧台、座位與道具早已不復見，不過聰明的店東卻另外在昆西市場附近，開了另一間分店「歡樂酒店：法尼爾廳分店」（Cheers: Faneuil Hall），那間分店的吧台與陳設就完全仿製當年劇中的場景！如果你也想過過乾癮，學學劇中人倚著吧台八卦聊天，那麼就到他們的法尼爾廳分店去體驗吧！

劍橋

　　我和友人經過了兩天波士頓歷史景點之行後，最後當然不能忘記造訪位於劍橋的哈佛大學，我們沿著哈佛橋跨越查爾斯河（Charles River）時，遠眺著對岸劍橋市的古典紅磚建築物，優雅的倒影在寧靜的湖水中，小徑上偶有三三兩兩慢跑或遛狗的男女，一切散發著一種城市中少有的靜謐。不經意回首身後櫛比鱗次的波士頓市時，才頓時覺得僅僅是一橋之隔，北岸與南岸的美感卻是大相逕庭。

　　哈佛大學的校區有新校園與舊校園之分，舊校園多屬學生宿舍，新校園才是教學用大樓。舊校園之美在於大多的建築物，皆是以類似磚紅色的「哈佛紅」為基調，其中最有名的景點就屬「約翰‧哈佛」（John Harvard）的銅像了。

　　來到哈佛我也不免俗去摸了摸哈佛先生的美腿！就像在中國旅遊時，我在不同的廟宇摸過許多彌勒佛像的肚腩；在日本時也興沖沖跑到澀谷車站，摸了「忠犬八公」的石像；在紐約華爾街時更曾「寡廉鮮恥」，跑去摸了一把大金牛的「蛋蛋」，只為了傳說中所謂的招財運！

聽說摸一摸哈佛銅像的左腳帶來好運，曾經只是哈佛學生之間的小傳統。直到九〇年代，許多旅遊指南都轉載了這則軼事，也開始鼓勵遊客們去試試「手氣」，才造就了今日全身黑摸摸的哈佛銅像，卻只有左腳的鞋子是金光閃閃的奇觀，因為每天都有許多遊客排隊去幫它「擦鞋」。

原來東方的彌勒佛和西方的哈佛，兩位「佛」字輩的銅像，都有被遊客亂摸的共通點！

其實這一尊銅像並不是約翰・哈佛本人的實際長相，而是綜合了三位男子的相貌與身形所打造出的模擬銅像，因為在相機尚未普及的年代，哈佛先生並沒有留下任何照片或畫像。因此一八八四年雕塑家丹尼爾・佛朗奇（Daniel Cheste French）創作這尊雕像時，只好找了三位哈佛學生當模特兒，其中臉孔的原型就是後來成為美國國會代表與檢察官的謝爾曼・侯爾（Sherman Hoar）。

哈佛的重要景點大致分為：哈佛大學紀念教堂 （Memorial Church）、懷德納紀念圖書館（Harry Elins Widener Memorial Library），以及二十五座風格各異的古老校門。

紀念教堂——最初是為了追悼在第一次世界大戰中陣亡的哈佛校友而建，在教堂右側的紀念牆上總共刻著三百七十三名校友的姓名。隨著其後美國參與過的幾個戰爭，如今也紀念韓戰與越戰中為國捐軀的哈佛校友。

紀念教堂內總共分為三部分。位於翼廊裡哥德風格的紀念廳（Memorial Transept），廊內共有二十八片白色的大理石，原來上面就是刻著一百三十六位已故哈佛志士的石碑。而另一邊的桑德斯劇院（Sanders Theater）則是用於演講、音樂會與會議用途，許多國際級的歷史人物都曾在這發表演説，舉如：英國前首相邱吉爾、美國前總統羅斯福，與前蘇聯首任總統戈巴契夫……等。

至於教堂中的安能堡廳（Annenberg Hall）則是提供給學生用餐的餐廳，當我看到天花板古色古香的拱樑設計，與兩側綿延的古典水晶吊燈，令我彷彿有一種置身於哈利波特霍格華茲學院的魔幻學生餐廳的錯覺！

懷德納紀念圖書館——這棟圖書館除了是全球最具規模的大學圖書館，亦是最有歷史價值的圖書館之一。其實他與「鐵達尼號」有那麼一點淵源，因為哈利・懷德納是在鐵達尼號船難中喪生的哈佛人之一。懷德納的母親在兒子遇難後，除了傷心欲絕之外，也為了紀念痛失優秀愛子，而捐出了自家收藏的大批藏書與鉅款，資助哈佛大學建造了這一座以自己兒子命名的圖書館。

　　在這座偌大的圖書館內部，光是所有書架的總長度加起來就有九十二公里！上面存放了三百萬冊以上的書籍，其中不乏許多古董的珍品與藏書，尤其是為數不多的複刻版「古騰堡聖經／四十二行聖經（Gutenberg Bible / 42-line Bible）」！

　　說到哈佛校區內風格各異的二十五座校門，其中最為人知的就屬約翰斯頓門（Johnston Gate）、梅耶門（Meyer Gate）、德克斯特門（Dexter Gate），和神祕社團「坡斯廉俱樂部」的坡斯廉門（Porcellian Gate）。它們幾乎都是傑出的校友與家族所捐款建造的，因此每扇門的名字大多是以捐贈人的姓氏命名。

　　約翰斯頓門──雖然怎麼看都是一道不怎麼雄偉的「窄門」，它卻是一八八九年哈佛校園的「第一座」大門，以英式塔型的門柱與縷空冠頂銅門為設計理念，簡約俐落的線條與該校古典樸實的校風倒也相呼應。

　　梅耶門──這座門的外觀設計與約翰斯頓門有異曲同工之妙，因此常會有人將它們誤認為是同樣的門。不過梅耶門的兩側各有一片石雕，右邊門柱上刻

的是「真理之盾」，左邊門柱上則是一隻母鵜鶘正在餵養幼鳥的圖案，象徵了鵜鶘啄胸以血餵養幼鳥的犧牲奉獻精神。

德克斯特門──這又是另一座母親追悼亡子的紀念之門，是由德克斯夫人為了紀念第一八九〇屆畢業的兒子而捐款建造。這座校門最出名的就是門內門外各刻著前校長之一的查爾斯‧艾略特（Charles William Eliot）所提的兩句著名金言。

門外是「入校為增長智慧」（Enter to Grow in Wisdom）；門內則是「出校為祖國與人民盡心服務」（Depart to Serve Better Thy Country and Thy Kind）。

坡斯廉門──這座門位於麻薩諸塞大道上，與對街紅磚白欄、門窗緊閉的「坡斯廉俱樂部」遙遙相望。它是以紅磚建造的尖頂拱門，在門內與門外都各有一尊白色的野豬頭像，聽說那就是坡斯廉俱樂部的吉祥物。

據說坡斯廉俱樂部的前身，只是一個成員們定期烤野豬聚餐的社團，因此在未正名之前還曾自稱是「豬仔俱樂部」（The Pig Club）。坡斯廉俱樂部的座右銘就是「人生須及時行樂」（While We Live, Let Us Live），有些人會覺得這聽起來應該是個享樂主義的社團吧？

　　其實這個只有男性哈佛人才能入會的校內組織，不但入會的資格與考核嚴謹，成員更自翎它是「極好最終俱樂部」（Hotsy-Totsy Final Club），也就是只要入了會就是永久會員，此生也不能再加入其他的兄弟會。

　　它與耶魯大學的「骷髏會」、劍橋大學的「劍橋使徒會」、康乃爾大學的「鵝毛筆與匕首會」……一樣，都是屬於標誌性的古老神祕兄弟會。因此我們這些普羅大眾觀光客，根本無法一窺俱樂部的內部，因為它的窗簾永遠是拉上的，引領仰望的我就算想偷看一眼，也完全不得其門而入。

　　這個組織成立兩百多年以來，歷年名單上的名人包括：美國第二十六屆總統西奧多・羅斯福、建築師 HH・理查森、南北戰爭第五十四黑人軍團首領羅伯特・古爾德蕭、最高法院法官奧利弗・霍姆斯、作家喬治・普林頓、哈佛知名雙胞胎之一的泰勒・文克萊沃……等，各個名聲響亮無不如雷貫耳呀！

　　那一趟大波士頓都會區的行腳，的確令我感受到這顆新英格蘭上的璞玉之美，無論是古老城市的外觀或內在，都帶著一種雋永的故事性。雖然它時而有點嚴肅學者的老態龍鍾，但有時也散發出一股徐娘半老、風韻猶存的璀璨光芒，吸引著你想瞭解它背後曾經有過的那些風華時代。

11

奧斯特的生存旅館

（北緯）40° 37' 29″ N　（西經）73° 57' 08 〃 W
Brooklyn / City of New York, New York, USA

（北緯）40°37′29″N　（西經）73°57′08″W

奧 斯 特 的 生 存 旅 館

Brooklyn / City of New York, New York, USA

*《布魯克林的納善先生（The Brooklyn Follies）》中，那位原本居住在紐約市的
中年男子，在切除了癌症腫瘤、從任職三十一年的保險公司退休、又和妻子協議
離婚…經歷一敗塗地的人生後，決意要搬到一橋之隔「等死」。結果，純樸的布
魯克林竟然成為他尋找存在感的「生存旅館（The Hotel Existence）」，也找到
自己餘生中的陽光，開啟了另一段生命的起點！*

　　有些華人老移民叫它是「布碌崙」，有些荷裔老移民則以荷蘭語稱它為「布
根市（Breuckelen）」（雖然它並不算一個城市）。但是，我寧願它是保羅‧
奧斯特在小說《神諭之夜（Oracle Night）》或《布魯克林的納善先生》中的那
個「布魯克林」。

　　因為，它對我來說帶著點奇蹟的生命力。

　　我曾經說過，我是一個憑感覺旅行的人，甚至不喜歡趕場擠熱門景點。很
多時候，會對某個城市有造訪的慾望，可能是因為一本小說，或一部電影，讓
我對它們充滿了浪漫的遐想，然後就會不擇手段想去看看。從保羅‧奧斯特以
布魯克林為背景的幾本小說，到休‧傑克曼的電影《穿越時空愛上妳》（Kate
& Leopold），我一直對劇情中的布魯克林街景或大橋有著許許多多想像。

　　在抵達紐約市的一個星期中，我從第一天就開始跟隨行的友人們吵著，要先去布魯克林尋找納善先生（Nathan Glass），或奧爾巴尼公爵（Duke of Albany）曾出現的景點。他們都無法理解我的邏輯，或是我對奧斯特小說的中毒過深，竟然寧可錯過造訪帝國大廈或自由女神像，也要去追尋小說或電影裡虛構的人物或場景？

　　結果，我當然沒有找到《神諭之夜》小說裡，在卡柏高地販賣神祕藍色筆記本的華人文具店；也沒有看到納善先生外甥的二手書店或早午餐店；就連好萊塢電影中穿越時空到紐約談情說愛的奧爾巴尼公爵，在歷史上壓根子也沒有來過紐約或布魯克林！我依然故我當那個樂在其中的小書迷。

　　當我們還只是在布魯克林大橋的遠處，看到那幾座巨大的哥德式橋塔與橋墩時，每個人的內心都充滿著澎拜與驚嘆，因為它不再只是明信片或月曆上那道象徵紐約的建築物而已。大橋上那兩座充滿歷史痕跡的雄偉橋塔，以及密密麻麻交織在天際上的鋼索，無論是造型或色澤都充滿著濃濃的思古幽情，真真實實地吸引著我們的眼球。

　　對我來説，它就像是一道穿越古今的古老虹彩，比起紐約其他的地標都更有歷史價值。

　　那兩座高度八十四米的橋塔連結著橋面，上層是供給行人和自行車通行的徒步道路，木板通道的中央有一條白綫，行人走在白綫右側，自行車靠左側騎行。下層則是提供車輛行駛的車道，也就是説人們走在上層往下看時，還可欣賞到大橋下層車流如織的特殊景象。

　　漫步在橋上觀賞海灣的黃昏景色更是絕美，看著日落餘暉一片片撒在海灣水面上，海水呈現出一種如香檳色的金黃，如果留意眺望遠處還可能看到小小的自由女神像。當然走在橋上也可觀賞到旁邊的曼哈頓大橋，它也是另一座跨越東河連接曼哈頓與布魯克林的巨橋，只不過外觀是比較簡約與現代感的近代建築，並不如布魯克林大橋那般令人有一種歷史感的震撼。

　　當我們穿越紐約市這頭的橋塔時，我還很認真地指著上方説：「你們看，奧爾巴尼公爵就是從上面跳下來，誤入了一個類似蟲洞的漩渦裡，才來到現代

的紐約和凱特墜入情網……」我說話的同時，總覺得背上有些許炙熱，我想應該是身後幾位朋友正在翻白眼，射出一道道不以為然的目光吧！

跨越布魯克林大橋通常費時三十分鐘，如果你的腳程比較慢，或是寧願在橋上安步當車逛幾步、自拍幾張，那麼可能就不止這個時間了。聽說當地人常會觀察在橋上步行的速度，來判定你是同城人或是觀光客。喔？我和友人走了四十五分鐘才走完，那麼應該算是劉姥姥過布魯克林大橋囉！

根據官方的記載，這條橋的長度為一千八百三十四米，橋身至少有上萬根鋼索，才能將整座橋面吊在距離水面四十一米的高度。它曾經是前兩個世紀全球最長的懸索橋，亦是當時首座以鋼材建造的大橋，過往也被認為是繼世界古代七大奇蹟之後的第八大奇蹟，或被譽為是工業革命時代七個劃時代的奇蹟建築工程之一。

這座至今有一百三十多年的偉大建築，在還沒有汽車的年代，它僅是供人們步行或馬匹渡河的懸索橋，也曾經有電車在上面通行過，直到大橋重修之後才成為現在這座可供人車同時通行的長橋。

布魯克林大橋吸引人之處，除了它充滿歌德風格的古典造型，背後還有一段曲折離奇的建造過程，甚至可以說是噩運連連的一段歷史。從最早畫出大橋設計圖的德裔美籍工程師約翰・羅布林（John A. Roebling）說起，他在初期勘察布魯克林橋塔時，卻詭異的被失控撞上碼頭的渡輪波及，傷到了腳部並且惡化為破傷風驟然病逝。

他的兒子華盛頓・羅布林（Washington Roebling）接手主導工程後，也在動工沒多久就罹患了「減壓症」（Decompression Sickness）而終身癱瘓。最終只能在自家公寓耳提面命妻子各類工程知識，並透過書面與現場的工程團隊溝通，總算在妻子的穿針引線下完成了艱鉅的建構任務。

還好他的妻子一直到完工通橋的那一天，都沒有發生任何意外事故，方能代替癱瘓的丈夫成為第一位徒步穿過布魯克林大橋的歷史性人物。

許多人提起布魯克林，常會聯想起好萊塢經典電影裡，那些幫派龍蛇混雜的場景，或是百業蕭條的老派城鎮模樣。其實現在的布魯克林已經與過往不太

一樣了，它除了成為許多在曼哈頓工作的白領階級結婚成家，建立自己家園的清新城區，也是對古蹟建築物有興趣的觀光客，會排時間造訪的一個懷舊景點。

我與友人根據網上的景點推薦，將那一次布魯克林的行腳粗分為六大區塊，也就是：敦博（Dumbo）、格林尼堡（Fort Greene）、格林波因特（Greenpoint）、威廉斯堡（Williamsburg）、公園坡（Park Slope）和康尼島（Coney Island）。不過，以遊樂區或雲霄飛車聞名的康尼島，我倒是沒有很大的興趣，最終也因為行程緊湊而被大夥砍掉了。

敦博

我們下了布魯克林大橋來到布魯克林後，就朝著曼哈頓大橋的方向閒逛，因為網上有許多背包客都提到，兩橋之間的敦博街區，有一座一九二〇年留下來的古董旋轉木馬，聽說經過翻修後又重新啟用了。

想不到地名和小飛象 Dumbo 同名，還那麼巧會有如此童趣的景點？我們那一行人有人對古董情有獨鍾，也有人可能是「童年失歡」，所以幾個大孩子還真的跑去參觀那座傳說中的旋轉老木馬。

雖然遊樂園從來就不是我的旅遊路線，不過那裡倒是有幾間不錯吃的店家，例如：水街（Water Street）八十五號的「艾爾蒙丁餅屋」（Almondine Bakery），它的可頌和蛋糕都被 Yelp 網友們評為是四顆星的清新美食！

水街六十六號的「傑克斯‧托里斯巧克力店」（Jacques Torres Chocolate）分店，也是到紐約不容錯過的高卡洛里「自肥」商店。它是出身五星級酒店的知名「巧克力先生」托里斯的自創品牌，知名度當然也算如雷貫耳。敦博街區還有一些充滿人文色彩的小型藝術館，許多文友常提及的「包豪斯書店」（Power House Books），也是位於這兩橋之間的敦博。

格林尼堡

如果你喜歡起司蛋糕，聽聞過 Junior's 這間老字號餐廳，以及它被譽為是「世界上最美妙的起司蛋糕（The World's Most Fabulous Cheesecake）」，那麼你就絕對不能錯過它在布魯克林的創始店。請馬上跟著我手刀快步跑！衝上地鐵列車在格林尼堡下車！

　　這間由羅森家族（Rosen Family）創立於一九二九年，並於一九五〇年更名為 Junior's 的餐廳，因為祖傳祕方的起司蛋糕而聞名於世，獨特綿密的口感與滋味曾經征服過幾位美國總統、紐約市長、體育明星或電影演員！

　　其出名的幾款起司口味分別是：原味起司蛋糕、巧克力起司蛋糕、蔓越莓起司蛋糕、布朗尼起司蛋糕、草莓起司蛋糕和魔鬼的美食（Devil's Food Cheesecake）。其中原味起司蛋糕還曾被《華爾街日報》評選為全紐約「最好吃的」原味起司蛋糕！

　　聽說許多政商名流或富豪明星，有時候也會忍不住嘴饞，拋頭露面出現在 Junior's 的創始店。傳聞一九八一年這家餐廳失火時，圍觀的民眾們竟然是對著消防隊員不斷喊著：「快救救那些起司！先救起司呀！」可想而知它們的起司有多大的魔力！ Junior's 目前除了布魯克林的本店，他們也在紐約市開了三家分店！

　　格林尼堡附近還有一個布魯克林的新地標，也就是「巴克萊中心（Barclays Center）」，它是布魯克林的籃球隊與曲棍球隊的主場賽館，如果有收集籃球或曲棍球紀念品的嗜好，那麼這裡是個運動迷會喜歡的景點，它歪斜環狀的入口非常適合拍一張很啾咪的到此一遊 Selfie。

格林波因特

　　喜歡啤酒的人則千萬不要錯過格林波因特，你可以搭乘東河渡輪（East River Ferry）造訪。它被稱為是「啤酒豪飲者的天堂」，根據當地導覽資料介紹，該區的餐館與酒吧是走波蘭餐館加上「潮人文化」的酒吧路線（Polish Restaurants and Hipster Bars）。如果你也和我一樣對 Hipster 這種次文化一知半解，那麼來到這一區，你將會感受到潮人文化從上個世紀的 Y 世代，進展到如今這般如熔爐的風格。

　　許多人都說啤酒就要喝德國啤酒才夠勁，如果你也想試試德國人那種圍著大長桌集體暢飲的豪邁，那麼就跟我們一樣造訪格林波因特很值得參觀的

追著太陽跑，
一頭栽進去用力戰勝自己！

Spritzenhaus 33 德式啤酒屋，他們有許多從德國當地進口的啤酒，有些品牌在北美的市面上根本沒見過！

威廉斯堡

懷舊感的布魯克林當然也有潮流與時尚的一面，尤其是威廉斯堡更成為許多紐約藝術家移居的新樂土。那裡稱得上是潮人文化、獨立搖滾和當代藝術族群的交流聖地，也的確是布魯克林比較具現代感的區塊，除了有許多充滿藝術感的街區、夜店、餐廳、精品店和電影院林立。布魯克林啤酒廠（Brooklyn Brewery）也位於本區塊，而且還是個開放參觀的景點，既然來到布魯克林豈能不融入他們那種熱愛啤酒的氛圍嘛！

如果你從來沒有嘗試過在戲院裡一邊吃飯喝酒、一邊看電影的樂趣，那麼也去試試許多人都提及威廉斯堡特有的必遊景點——「夜鷹電影院」（Nitehawk Cinema），體驗那種可以同時大快朵頤，

又可觀賞大銀幕電影的感官刺激！酒足飯飽看完電影後，如果有
計畫在布魯克林下榻一晚？那麼據我實地走訪的觀察，許多觀光
酒店也都進駐這一區了，讓你更可盡情享受這裡的夜生活，然後
直接下榻於威廉斯堡。

公園坡

誰說布魯克林沒有適合瞎拚狂的第五大道等級景點？有，
它就位於公園坡呀！那裡有許多知名設計師與獨立潮牌的服飾
店，根據我的觀察有些年輕人的潮牌，的確是曼哈頓的第五大
道所沒有的，而且在價位上也比較合理，難道這就是一橋之隔
的城鄉差距？

許多人會認為布魯克林是個濃縮了紐約市精華的縮小版，
譬如紐約市有中央公園，布魯克林則有他們自己的「展望公園
（Prospect Park）」！為什麼這兩個公園常會被相提並論？為什
麼許多介紹布魯克林的旅遊書上都會提及展望公園？

原來這兩座公園都是出自同一組設計團隊的手筆，也就是弗
雷德里克 · 奧姆斯特德（Frederick Law Olmsted）和卡爾弗特 ·
沃克斯（Calvert Vaux）。那麼當然就值得看看它和中央公園是
否有什麼異曲同工之妙？對我來說它比中央公園有更多的功能
性，少了大而無當的壯觀造景，卻多了許多適合家庭與親子活動
的區塊，說是縮小版有些不公平，我認為它應該算是進化版吧。

公園坡附近還有一座「布魯克林植物園」（Brooklyn
Botanic Garden）。聽說如果是春天造訪布魯克林，就能幸運欣
賞到美不勝收的櫻花之美，他們每年都會舉辦類似日本「櫻花
祭」的慶祝活動，還有日本能劇、太鼓、三味線之類的傳統日式
歌舞表演。

　　許多人在緊湊的紐約行程中，常會省略掉布魯克林，就算是有機會登上布魯克林大橋，大多數的人也是走到一半就掉頭回曼哈頓了。其實布魯克林早已不是那個亂哄哄的罪惡之城了，更不需要擔心會碰上什麼上個世紀的黑手黨，如今的它反而是個處處充滿小清新景點的觀光區。這些年來，它的單純與樸實吸引了許多格林威治村的藝術家們，紛紛大舉搬遷至此，造就出如今這般充滿濃濃人文氣息與藝術風格的新氣象。

　　讀完我大略介紹的這些景點後，下一次再赴紐約觀光時，當你厭倦了人潮簇擁的百老匯、時代廣場或洛克斐勒中心，那麼就快點跳上渡輪橫渡東河造訪布魯克林吧！甩掉身上那些大都會的煙塵，投入奧斯特小說中那個融合著懷舊與藝術的淨土。

12

花之島。神之島。峇里島

（南緯）8° 39' S （東經）115° 13' E
Bali, Indonesia

（南緯）8°39'S （東經）115°13'E

花之島。神之島。峇里島
Bali, Indonesia

雖然在機場的候機室枯坐著，那種無止境地等候如坐針氈，不過只要一想到即將
起飛前往素有「花之島」、「神之島」或「天堂島」的陽光仙境，原本癱在座椅
上的我，整個人馬上又精神抖擻彈了起來！

　　當機場的擴音器終於傳來登機廣播時，就像天降甘霖頓時澆熄了我心中的
不耐之火。因為，我們大約清晨七點鐘左右抵達新加坡樟宜機場，卻耗在候機
室等了五個多小時，才有飛往峇里島的接駁班機。

　　這個為期半個多月的旅行，嚴格來說是個半商務的行程，我當時肩負著國
際採購（International Buyer）的職務，要為公司的連鎖賣場張羅下一、兩個季
度的商品，才會遠赴峇里島尋找一些南洋風情的傢俱、家飾與雕像，順便造訪
一位合作多時亦定居於該島的義大利籍傢俱設計師 Carlo Pessina。

　　與過往的旅行不同之處，是這次還有幾位重要的投資客隨行，要搭我的翻
譯順風車察訪與觀摩峇里島上知名的 SPA 渡假別墅，因此我百忙中還得充當翻
譯、祕書和地陪。雖然我的陽光旅程中多了幾位歐吉桑，卻也「因禍得福」跟
著享受到他們奢華的住宿與美食。

　　那兩個星期與他們下榻觀摩過四間別墅酒店，其中最讓我印象深刻的當然就屬「科莫香巴拉屋苑」（COMO Shambhala Estate）和「金巴蘭海灣四季酒店」（Four Seasons Resort Jimbaran Bay）。它們一間是位於烏布市（Ubud）郊區的頂級別墅莊園，另一間則是在金巴蘭海灣的渡假別墅。

　　科莫香巴拉屋苑座落於烏布市郊區的智者山（Begawan），距離市區大約有二十多分鐘的車程，由於它地處於隱密的熱帶雨林中，而成為許多國際名人到峇里島觀光時的首選下榻地點，也因此進出時都要通過嚴密的安全檢查。舉如：史汀（Sting）、小甜甜布蘭妮（Britney Spears）、周潤發、言承旭……都曾是科莫香巴拉屋苑的座上賓。

　　這片佔地九公頃多的別墅莊園，是由著名的馬來西亞建築師張耀光（Cheong Yew Kuan）花了九年時間所規劃設計，初期的名稱為「智者山莊（Begawan Giri）」，二〇〇五年後才正式納為科莫酒店集團（COMO Hotels）旗下，更名為科莫香巴拉屋苑。

在那偌大的莊園中共有五座宅院（Residence）、七幢別墅（Villa），宅院分別是以峇里島印度教的五行「火、風、水、木、土」命名為：火形（Sound of Fire）、風之聲（Wind Song）、清泉（Clear Water）、迷霧之林（Forest in The Mist）、大地之土（House of Earth Sun）。

我對科莫香巴拉屋苑從 Check-In 到迎賓的種種細節印象深刻，除了偌大的白色大堂四面根本沒有牆壁只有山林，讓我的眼睛為之一亮。每位身著白色素雅制服的接待人員，也都笑得毫不矯情或公式化，親切地為我們的手腕綁上了白色的迎賓花環。

當接待人員領著我們一行人走在小山頭的羊腸小徑，通往我們下榻的宅院時，已經可聽到隨行客戶們的驚嘆聲，驚艷於這熱帶雨林的山光水色。在我們走進宅院之前，專屬的管家與侍應生們早已排排站在大門口，雙手端著一杯杯的迎賓茶等著我們。

我們所下榻的是「清泉」宅院，聽說是好萊塢明星們的最愛，史汀和小甜甜布蘭妮入住過的就是這座宅院！

所謂的「宅院」是由多幢主屋別墅、邊屋別墅、公共活動空間所組成的一種複合式格局，有些類似中國人的四合院，能夠單租其中的某一幢別墅，也可多人包租下整座宅院。清泉除了有一幢佔地九十多平方米的主屋別墅外，還有

一棟兩層樓高的邊屋別墅，兩屋之間的房舍是管家們的廚房、酒水間與洗衣間，樓上則是充滿峇里島風情的露天客廳與飯廳。

　　清泉顧名思義是以水為造景主題，宅院內處處充滿著別具禪意的「水花園」，除了中庭有個大型的山泉游泳池，主屋內竟然還有一座隱密的瀑布 SPA 水池，流水潺潺的清脆聲此起彼落流轉於整個宅院內。

　　聽說另一座以木為主題的「迷霧之林」宅院，是一幢幢搭建在參天古木之中的樹屋為亮點；而以土為主題的「大地之土」宅院，則是以巨型的爪哇石雕為裝飾，重現了古老的爪哇宮廷風格與大地尊者的皇室氣派。

　　剛開始，身處於那種「四面無牆」的戶外客廳時，我著實還有一點不習慣，不過久而久之才終於體會到那種著墨於戶外視野之美的廳堂設計。因為儘管坐

在上層的客廳裡，我依然可以透過隨風飄揚的輕紗或竹簾，一覽無遺欣賞到遠處五顏六色的熱帶飛鳥、青蔥翠綠的雨林，與層層疊疊的流線梯田。

每一幢別墅推門而出，也都有一座凸出的露台，從那裡更可放眼遠眺雲深不知處的山嵐繚繞，山腳下炊煙裊裊的印尼式茅草頂農舍，和正在河谷湍流泛舟的點點舟影，一瞬間就抖去了我身上那些來自都市叢林的俗世煩惱。

在這片充滿叢林、河流與陽光的世外桃源，除了有所謂「八人服務一人」的奢華居住品質與服務，還有各種靜修、理療及健身的休閒活動可參與，靜修項目有瑜珈、太極或皮拉提斯（Pilates）；理療方面則有水療、印尼式排毒、反射按摩之類的 SPA 療程。我個人當然是選擇了比較刺激的攀岩、健行、越野車和急流泛舟！

那幾天只要做完一系列汗流如雨的激烈運動後，衝回清泉宅院的第一件事，就是馬上往清涼的山泉游泳池裡一躍，然後趴在池畔喝著管家遞過來的冰椰汁，品嘗著一顆顆已經剝皮的紅毛丹或山竹……真的，讓我有一種自以為是好萊塢巨星的錯覺。

幾天後，我們一行人又轉戰去觀摩金巴蘭海灣四季酒店，雖然依舊包下一整座宅院，可是這間號稱是頂級海灘渡假別墅的格局與氣勢，比起科莫香巴拉屋苑還是少了些許貴氣，就連專屬的管家也只剩下一位了。

唯一讓我比較驚喜的是，我們除了有專屬泳池外，還有一大片「專屬海灘」！從宅院後方的小徑走下去，就可以看到那一片完全屬於此宅院的私人海灘，平靜的海砂上沒有任何閒雜人等！我想這應該可以滿足喜歡裸泳、裸曬、解放天體的住客吧？

在金巴蘭海灣四季酒店住宿的期間，我也和那位熱情熱心又平易近人的管家 Ary 成了好朋友，至今仍然在社群網站上與他有所互動。當時幾位隨行考察的歐吉桑們，時常會有一些千奇百怪的要求，為了達成任務常將我和 Ary 搞得天翻地覆。

　　還好，我並沒有因此打消一向大膽冒險、勇往直前的背包客精神！每晚入夜後，我絕對會一個人打車溜到市區，尋找網路上所介紹的那些知名餐廳、美食或小吃。就算如今回想起那些琳瑯滿目的餐廳與菜色，我仍然覺得非常對得起自己的五臟廟！

髒鴨子（Bebek Bengil / Dirty Duck Diner）

　　位於烏布市的髒鴨子餐廳，並不是真的以販賣「骯髒的鴨子」為主食。誠如餐廳告示上的記載：「當年店東在籌備此餐廳之前，一直想不出一個既響亮又易記的店名，儘管已經到了要開張的前一日，他仍是苦無靈感。正當他絞盡腦汁苦思時，眼前突然出現一群剛從泥田裡玩耍回來的鴨子，大搖大擺地穿堂入室，在他店內的地板上留下了如秋風掃落葉的泥濘蹼印，他才終於靈光乍現，將餐廳取名為有點俏皮的『髒鴨子』。」

　　而髒鴨子最出名的菜色就是乾式的「脆皮鴨（Bebek Bengil）」，另外還有一道需要打電話預訂的濕式「香料煙燻鴨」（Balinese Smoked Duck）。我當時只是在烏布市隨機閒晃，並沒有事先預訂網友口中最美味的那種香料煙燻鴨，因此只能點到招牌的脆皮鴨。

　　當侍者將脆皮鴨套餐送上桌時，號稱份量有半隻鴨的餐點，好像並不如想像中那麼巨大？白色的擺盤中除了有隻炸得香噴噴的半邊鴨，還有一碗白米飯、辛料與醬料，附餐則有紅豆、生菜沙拉、油漬洋蔥之類的涼菜。

　　別看那半隻醜小鴨其貌不揚，可是一送入口中那種喀滋喀滋的脆皮口感，包覆著不乾不澀又帶著點香料味的鴨肉，我那才知道廣告裡常說的「吮指難忘」是什麼滋味，就連鴨骨頭都已炸得酥脆可直接吞下肚了！聽說髒鴨子除了本店之外，這幾年又開了一家二號店，對於不喜歡排隊等位或打電話預訂的朋友，不妨試試那間分店。

烏布皇宮烤豬飯（Babi Guling Ibu Oka）

　　如果光聽名字的話，可能會以為是什麼皇宮中才吃得到的宮廷美食，其實這家餐廳的總店只不過是開在烏布皇宮旁邊，因此就沾點光稱作是烏布皇宮烤豬飯！

　　它算得上是峇里島上最有知名度的平價美食，也是島上生意最興隆的餐廳之一，每天都有來自世界各地的觀光客，握著旅遊書指指點點，就為了要嚐一份盛在竹簍裡香味四溢的烤豬飯！

　　烏布皇宮烤豬飯有一點類似中式的烤乳豬，只不過他們在薰烤之前，會先在豬體內塞滿辣椒、老薑和阿拉伯香草「薩拉姆」（Salam），用大針將豬肚縫合後才穿進樹幹上。在使用天然柴火燒烤的六個鐘頭中，師傅們需要不斷地旋轉豬體，並且不時澆塗上椰子水與糖水，如此才能薰烤出香脆的豬皮。

　　上菜時白米飯舖在隔著吸油紙的竹簍裡，上面澆滿了烤得香噴噴的豬肉與些許內臟，最經典的當然就是上面那幾片烤得金黃的脆豬皮，除了帶著點椰香與甜味，還淋上了點微辣的醬汁。大熱天裡，那種微辣的醬料拌在白飯中，真是太消暑下飯了！

金巴蘭沙灘燒烤海鮮（Jimbaran Bay Grilled Seafood）

　　每一位到過峇里島觀光的旅客，通常都不會錯過在著名的金巴蘭海灣，享受浪漫的露天燒烤海鮮時光，一邊欣賞著夕陽餘暉撒在海面上，變幻無窮的金色浪花與彩霞，一邊品嘗著手中的美酒或美食。白色的沙灘上佈滿了綿延的白色餐桌，著實讓人有一種置身於法式「白色晚宴」（Dîner en Blanc）的錯覺。

到金巴蘭海灣的海鮮燒烤餐廳時需要注意一下，因為他們的店家分為左右兩邊，通常都會輪流公休，也就是說如果這一週是右邊店家們營業，左邊的店家們就會全面公休，依此類推只會有一邊開業。由於那一區的海產餐廳實在很多，也說不上哪一家特別值得介紹，如果是打車問司機的話，他肯定是會推薦他認識、又可拿回扣的那幾家。

我通常會詢問酒店內的管家或前台，那一次就選了「藍槍魚」（Blue Marlin Cafe），因為他們除了有戶外的餐區，還有室內的峇里島傳統舞蹈表演！燒烤的海鮮有：烤龍蝦、烤螃蟹、烤花枝、烤魚、烤蝦、烤蛤……應有盡有，連我最懷念的炒空心菜都有！一份隆重的雙人套餐吃下來大概是五十多萬印尼盾（約台幣一千三百多元），不包括酒精類飲品喔！

美狄之店（Made's Warung）

位於庫達區（Kuta）的美狄之店，是一間超紅火的餐廳，在許多國外的旅遊書上都會推介，它的知名度與髒鴨子、烏布皇宮烤豬飯齊名。聽說早期它只不過是一間雜貨店（Warung），女主人美狄嫁給荷蘭籍的先生後，才轉型成為印尼家常菜的餐廳，從此她的手藝才一傳十、十傳百，熬了二十多年後才成為島上座無虛席最受歡迎的餐廳之一。

美狄之店供應平價又多樣化的印尼美食，為了迎合觀光客也有些歐美的菜色。我當然是入鄉問俗點了一些道地的印尼菜，例如：印式烤沙嗲、印尼炒飯、總匯拼盤……等等。以價位及美味度來看，的確算是平價卻又精緻的餐廳！

唯一美中不足的就是太紅火了，絡繹不絕的客人實在太多，每一次去都需要排隊等位，上菜的時間也因此有所影響。聽說在塞米亞克區（Seminyak）還有另一間分店，如果無福消受庫塔總店的忙碌，倒不妨可以試試比較僻靜一點的分店。

熱帶草棚（Tropical Bale）

　　這家餐廳位於田園風味十足的梯田旁，用餐時有一種身處於稻香與農舍之間享用西餐的奇妙感覺。它們的餐點走的是這些年還蠻流行的混搭式料理（Fusion Cuisine），也就是混合了義式、法式、日式、泰式……多個國家的料理精華與優點，搭配上主廚個人天馬行空的創意。

　　大體來說菜色比較偏向改良法式餐點，聽說主廚是從島上另一間超有名的法國餐廳「Mozaic」跳槽過去的，所以菜色混搭上是以法式料理的精髓居多。如果以法式或歐陸菜的價位評估，這家餐廳的價位算是中等，我一個人大約才花了三十多美元就點了五道菜。

　　無論是鴨胸肉或牛肉的軟硬都恰如其份，甜味與嫩度也掌握得很爽口，尤其採用當地海產的干貝與明蝦料理菜色，除了鮮甜味美之外，我真不知還能說

些什麼。喔，我當然沒有忘記頭盤的「法國餃子」，
雖然上面擺飾的看起來像是「罐頭松露」，不過餃子
皮之間的鵝肝醬可是一點也不含糊呢！

在這裡用餐時窗外迷濛的梯田景致，與遠處如
人間仙境般的農舍風光，才真的是無價的景色！這
家餐廳也是在烏布市，許多不錯的餐廳與景點也都
在附近，例如專賣豬肋排而出名的「Naughty Nuri's
Warung」，和「烏布 Neka 博物館」就在斜對面而已。

最特別的是，熱帶草棚還提供各大酒店的免費接
送小巴，只要請酒店的管家或櫃台幫忙聯絡，他們就
會派專車登門接送你到餐廳！夠貼心了吧？

峇里島的確是一個值得一去再去的天堂島嶼，
它比泰國的普吉島乾淨清爽，又比關島、夏威夷或馬
爾地夫的價位低廉許多。島上的居民與印尼本土所信
奉的宗教並不相同，大多是世代信仰印度教的善男信
女，他們的個性善良純樸對華人非常友善！

如果人們稱那是一座花之島、神之島或天堂之
島，那麼那些和藹可親的居民肯定就是島上的天使！

13

泡沫中的輝煌

王城

（北緯）14° 35' N　（東經）121° 00' E
City of Manila, Philippines

（北緯）14°35'N （東經）121°00'E

泡沫中的輝煌王城
City of Manila, Philippines

假如，我從來沒有到過馬尼拉，就不可能知道菲律賓曾被西班牙統治過三百年。
美西戰爭結束後，還被美國接管了三十三年、日本佔領過四年……

　　我曾經因商務而造訪過馬尼拉，當我計畫再次前往菲律賓作一次陽光之旅
時，週遭的親朋好友依然如前一次那般操心，還不斷耳提面命那些他們從電影
中看來的情節——菲律賓很危險、馬尼拉治安很差、大街小巷處處都是乞丐……

　　我只能置之一笑，因為第一次去馬尼拉看貿易商展時，我就深知該如何穿
著打扮才夠低調又不招搖，讓當地人無法一眼就看出我是個觀光客，偶爾還會
刻意模仿「他加祿語」（Tagalog）的英語腔調來討價還價，讓店家搞不清我的
口音，究竟是來自菲律賓哪個小城小鎮的鄉下人。我甚至也常裝聾作啞比些不
知所云的手語，讓那些死纏爛打的職業乞丐拿我沒轍。

　　諸如此類的貼士或小撇步，我自認可以開一堂「如何隱形暢遊東南亞」或
「如何在旅行中擺脫冤大頭上身」的旅遊安全講座。讓那些常常忍不住想在落
後國家鶴立雞群的觀光客們，能免於成為當地人眼中的待宰肥羊，或是被綁票
的肉靶子。

舉如：搭計程車時，在行李放入後車廂前，男性乘客就該先馬上入座，女性則尾隨其後，此時請暫且拋開「女士優先」的紳士風度，為什麼？

因為，我聽聞過許多起在小國家旅遊的失蹤事件，計程車就是趁男性乘客還來不及上車時，就將先行坐進車內的女性乘客，以及一箱箱的行李飛快載離現場了！無良的司機人財兩得後，除了行李內的物品自用、送人兩相宜，被擄的女性當然就是被轉賣到人口販賣集團！因此旅行中的許多小細節，還真的不能掉以輕心。

我的菲律賓二度之行，其實是陪著設計主管赴馬尼拉複試一批海外的室內設計師，公司看中了當地設計師長期受到西班牙文化與建築的耳濡目染，對於即將進行的幾個巴洛克風格的會館案子有幫助，才大膽嘗試啟用東南亞籍的設計師。

經過連續兩天在酒店會議廳內輪番上陣的面試、會談、製圖筆試，我們的確挑中多名超過水平的高手，其中竟然還有曾為沙烏地阿拉伯貴族或石油家族，設計過宮殿行館的設計師！

工作結束後的幾天，當然就是我再次深度走訪馬尼拉的機會，我的個人行程除了美食之外，就屬那一座傳說中完全西班牙風格的「王城」之旅！

菲律賓（Philippines）這個名字的由來，其實是以當年的統治者西班牙國王「腓力二世」（Felipe II）而命名。從十六世紀以來，西班牙人就在菲律賓留下了許多殖民時期的古蹟，諸多城鎮至今都留有古老的大教堂或西式的建築物，其中又以馬尼拉市的「西班牙古城區」（Intramuros），以及呂宋島的「維干古城遺址」（Vigan）最具知名度，後者更被聯合國教科文組織列為珍貴的世界文化遺產之一，也是目前亞洲地區保存最完整的西班牙殖民期遺跡。

西班牙語中的 Intramuros 翻譯成英語就是 Within in the Wall 之意，意指在城牆之內的內城。馬尼拉市區的這座王城，城郭上佈滿碉堡、壁壘與壕

溝，總長約有四公里半左右，腹地則為六十四公頃。在興建的初期，這是一座只允許西班牙人居住的特區，沒有任何菲律賓人能進出這座象徵統治者尊貴身分的禁地。

如今看似柔腸寸斷的綿延城牆，在當時所隔離的不但是西班牙人與菲律賓人，也劃分了尊富與卑貧。我站在城牆上欣賞著牆內與牆外的風景時，早已看不到那種王城與土著的天壤之別，反倒是城牆外的巨大壕溝竟變成了一座現代化的高爾夫球場，球場的十八洞就圍繞著那座古城牆而走，如果順利打完十八洞，應該就等於走完城郭一大圈了。

王城內最不能錯過的景點，當然就是菲律賓最古老的建築物「聖奧古斯汀大教堂」（San Agustin Church），以及由奧古斯汀修道院所改建的博物館。它是菲律賓最著名的四座巴洛克風格的教堂之一，也是唯一擁有四百多年歷史的「石造」巴洛克式建築，幾百年來經過無數歲月的風吹雨打，就算是一八六三年的一場超級強震，將馬尼拉市所有的樓房都震垮了，聖奧古斯汀大教堂卻依然屹立至今。

聖奧古斯汀大教堂與博物館的門票約為一百披索，卻可憑票自由進出聖奧古斯汀的四大區域：教堂、博物館、中庭花園、舊修道院的危樓遺址。該教堂至今仍有固定的望彌撒與禮拜聚會，也是許多菲律賓女孩夢想舉行婚禮的浪漫地點。

就連港星張衛健與妻子張茜，也曾於二〇〇九年在這座古老的聖奧古斯汀大教堂，舉行過一場夢幻般的童話婚禮。那次的婚禮亦成為馬尼拉眾所周知的盛事，不但獲得菲律賓旅遊局全面協助，就連當時的菲律賓總統特使及高層官員也都現身捧場。

相較於裝潢得宏偉壯觀、富麗堂皇的教堂，我個人較欣賞後方由修道院改建成的博物館，它彷彿能帶我走進四百多年前的時光洪流中。當我凝視著一條條深邃沉默的迴廊或梯間時，深刻體會到那些曾經遠渡重洋而來的西班牙修士，

百年前孤獨地穿梭在這座異國的鐘樓、迴廊與廳堂之間的心情,過著與故鄉相隔千萬里的枯燥修道院生活,那種奉獻與犧牲的勇氣的確是現代人所無法想像⋯⋯

菲律賓政府於一九七三年才將這座接近荒廢的修道院,修復改建成如今的博物館,用以展出幾百年來聖奧古斯汀大教堂所累積的藝術寶藏,它們大多來自西班牙、墨西哥或中國。展品從知名修士的彩繪、雕塑、巨型油畫,到精雕細琢的歐式古董家具,還有鐘樓上拆下來的百年老鐘。

寂寞的長廊上停放著各式各樣天主教節日遊行時,以手工打造的古董級銀製聖母座車與引導花車,雖然過往的風華與光澤已趨黯淡,卻依然可感受到當年聖母出巡時的莊嚴與隆重!

　　王城內另一座知名的觀光景點則是「馬尼拉大教堂」（Manila Cathedral），雖然該教堂也是堪稱有四百多年歷史，不過卻是屬於「磚造」的羅馬式建築。這座教堂的前方有一片名為「羅馬廣場」（Plaza de Roma）的綠地，加拿大的旅遊節目曾經介紹過，那裡百年前曾經是一座名為「Plaza de Armas」的血腥鬥牛場，提供城內的西班牙人娛樂與消遣。

　　這裡號稱是殖民期間西裔居住的王城，當年城內就像縮小版的巴塞隆納或馬德里，肯定就少不了他們聞名於世的「西班牙鬥牛」。不過自從美軍接管之後，鬥牛場也被拆除改建成如今的公園綠地。

　　馬尼拉大教堂最為人知的建築特色，就是其方正格局、四平八穩的外觀，以及雄偉的大拱門上層層疊疊的羅馬圓頂設計。教堂內部各式各樣雕工精緻的聖母、耶穌與使徒們的巨型雕塑，同時也典藏了義大利、德國、西班牙……著名藝術家所奉獻的大量青銅製品、鑲嵌工藝品和雕塑。

　　它的內部並不如聖奧古斯汀大教堂那般雕樑畫棟，但是卻以恢弘的巨大石材裝潢出另一種莊嚴肅穆的氛圍，室內座位席上方是巨大的拱型圓頂天花板設計，正前方則是耀眼的鍍金聖壇，聖壇上是一座據說擁有四千五百支風管的巨型管風琴，以及一扇如巨輪般燦爛奪目的彩繪玻璃窗，無論是窗內或窗外它儼然是整座教堂視覺上的亮點！

　　逛完了西班牙古城區的幾座教堂與老街，接下來就是吃吃喝喝的時間！我決定再訪前一次朋友帶我去過的那條「乳豬街」（La Loma）！從 Intramuro 驅車前往 La Loma 有兩種方法，一個就是揮揮手叫一台計程車，另一條路也是揮揮手，不過卻是攔下菲律賓滿街可見的那種特色小巴「吉普尼」（Jeepney）！

　　吉普尼是當地隨招隨停的一種大眾運輸工具，每一位乘客的票價不到十披索，如果你上車後所搶到的座位離司機比較遠，那麼就跟當地人一樣將零錢傳給前面的人，你的買票錢就會被一路傳到司機手中，司機也會將找零如此傳回你手中，看著大家像螞蟻那般齊心合力傳遞著零錢，其實還蠻有趣的。

　　吉普尼只有在車身寫著大大的目的地名稱，至於中途到底會停靠在哪些站點或街道，那就不得而知了。最簡單的方法，當然就是上車前先詢問吉普尼司機，會不會經過你要去的地點。別擔心，在這個國家用英文問路，完全不會有任何語言障礙！

　　許多人都說要下車時就敲敲車頂，司機就會馬上停車了，不過我建議還是用喊的比較可靠，因為那些吉普尼在行駛當中，根本就像快要解體似地充滿各種噪音，司機哪會聽得到你那微弱的敲打聲嘛？

　　至於目的地的乳豬街上，我只推薦比較有名氣與乾淨的「蜜菈乳豬餐廳」（Mila's Lechón）。菲律賓的烤乳豬當然承襲了西班牙語系國家的乳豬傳統，燒烤時只採用還沒有斷奶的小豬。

　　不過菲式的烤乳豬會在食用時，抹上一種由雞肝、大蒜、胡椒和醋所調製成的沾醬，因此菲式烤乳豬也被稱為是「肝醬烤乳豬」，和峇里島最出名的「椰汁烤乳豬」吃法大相逕庭。除了鮮美多汁的豬肉與香脆豬皮，用餐時還可點一盤當地人非常喜歡吃的小菜「炸豬腸」，吃起來的口感乾乾脆脆有些許像鹽酥雞，要是沾上特製的酸辣醬，可真的是會一口接一口很難停手！

　　菲律賓人只要舉辦任何宴會或派對時，烤乳豬肯定是「大吃會」裡的基本主菜之一，因此這條乳豬街上的餐廳才會越開越多間，蜜菈乳豬餐廳的生意也才能如此興隆，還開設了好幾間分店。

　　我睜著好奇的眼睛看著門口一字排開的乳豬們，還很八卦詢問了老闆娘那些全豬的價格，原來二十人份的迷你乳豬要價四千披索；三十人份的小乳豬則是四千四百披索，依此類推還有中型和更大型的乳豬呢。

　　由於菲律賓三百多年來，經歷過西班牙統治、美國接管與日本佔領，因此在飲食習慣上早已偏西化，並不如中港台日那樣有許多傳統的美食或小吃，頂多就是以當地海產及農產混搭出來的一些特色美食。

　　例如：以洗米水熬出來的「酸辣鮮蝦湯」、先蒸再炒的肥美「螃蟹大餐」，或是將熱帶水果入菜的「芒果香魚」、「香蕉牛骨湯」，以及「焗烤九層塔起司牡蠣」或「菲式潤餅」……還有路邊常見到用炸香蕉取代蕃茄，而製成的「菲式香蕉糖葫蘆」，都稱得上是改良式的特色美食。

在菲律賓的餐廳用餐時也要注意一下，因為那裡的人生活步調比我們慢許多，因此常會碰到跑堂點餐的腦袋慢、廚房出菜的手腳慢、上菜打雜的反應慢，一切都是「慢在不言中」。

如果你不是慢食主義者，也不想等個四十五分鐘才上菜，那麼可以試試「Greenbelt 購物中心」的「紅螃蟹」（The Red Crab）自助餐廳，在這裡不但燈光好氣氛佳，還不需要等得飢腸轆轆！再加上有取之不盡、吃之不竭的孔雀蛤、龍蝦、螃蟹，包準你會拿到手軟、吃到嘴軟！

最後，還有一個小貼士，無論馬尼拉的金融商業區如何蓬勃發展，貧富懸殊的社會問題依然很明顯。如果你在任何餐廳用餐完畢後，別忘了請服務員幫你將吃不完的食物打包一下，這一點他們倒是會很細心的將所有菜色分盒裝好，然後放進一個塑膠提袋裡。在你返回酒店的路上，或許會碰到幾位向你乞討的孩童，那麼就將那些對他們來說是山珍海味的食物送給他們吧。

當你看著他們表情興奮，不斷用英文向你道謝時，你會發現你的一個小小的舉動，卻帶給一群小朋友開始對人群、對生命、對未來重新充滿了希望！

14

東京 FUN 眼看

（北緯）35° 41' N　（東經）121° 00' E
City of Tokyo, Japan

（北緯）35°41'N （東經）121°00'E

FUN 眼 看 東 京
City of Tokyo, Japan

從小，我就對東京有一種莫名其妙的奇想，無論是來自日本動漫的靈感，或是源於日劇裡浪漫的偶像情結，它在我心中一直是個充滿神祕、科幻、鬼怪和美少女的未來城市！彷彿走在東京的街頭，隨時都有可能與「航海王」的魯夫、「哆拉A夢」裡的大雄或靜香擦身而過。長大後，去了幾趟日本，才終於對那個曾是「太陽帝國」的國家改觀……

　　那是一個充滿自動販賣機的國度，從香菸、啤酒到脫衣舞真人秀，都可以透過自動販賣機取得。那是一個徹底禁菸的城市，行人嚴禁在路上邊走邊抽菸，只能在設有抽風機的特定「抽菸亭」解饞。

　　那是一個充滿「柏青哥」小鋼珠的成人世界，不時可見拉著菜籃車的家庭主婦、穿著體面的上班族，流連在五光十色的鋼珠台前，在隆隆的鋼珠滾動聲中賭個一小把。那是一個害羞靦腆的民族，聽到我們用英語問路時，總會嗤嗤搗著嘴傻笑，或是壓根子與我們保持幾步之遙。

　　那是一個與我想像中不盡然相同的東京。

　　第一次到東京時，我和洋朋友依照旅遊網站上的介紹，在新宿車站搭上了環狀的「JR 山手線」（Yamanote Line）電車，預計第一天先遊玩環狀右半圈的每一個站點，如：日暮里、上野、秋葉原、東京、新橋和品川，第二天再玩

左半圈的池袋、原宿、澀谷和惠比壽，第三天才改搭環狀內如直徑般的「大江戶線」（Toei Ōedo Line），拜訪淺草著名的觀音寺、花屋敷和酒色圈，以及兩國的國技館、相撲博物館與江戶東京博物館。

我們沿襲在歐洲 Hop-On Hop-Off 的鐵路旅遊方式，在每個知名的車站下車，找到網友們推薦的景點遊玩後，再回原車站搭電車前往下一個站點。

不過一路上總有一種「似曾相識」或「鬼打牆」的錯覺。

因為，當我們漫無目標的閒逛時，總會不經意發現許多和前一站類似的景點？剛開始我們只當是日本的街道和建築物都長得差不多，才會有那種奇怪的感覺，可是那一路玩下來後，我們卻發現有許多建築物居然蓋得一模一樣！

最後我們才恍然大悟，原來山手線的每一站與下一站之間，通常距離都「超乎」的短！我住在新宿站附近的酒店，如果是走路到下一站的代代木站，其實只需要五分多鐘！也就是説山手線右半圈的九個車站，如果以我的腳程徒步旅遊，可能僅需大約四十五分鐘就可走完！？

結果我們卻聽從網友們的建議，花了一天的時間，在不同的車站上上下下，還不小心鬼打牆似地逛回前一站或前兩站的景點。我和洋朋友的結論是：東京人應該不喜歡走路，電車公司才會體貼設計出如此迷你的娃娃車路線。

儘管我在東京比較沒有語言障礙，看得懂他們的漢字，也惡補了些基本的日文單字和句子，可是還是發生過不少雞同鴨講的情況。令我印象最深刻的一次，就是我們到日暮里尋找「德川家族紀念園」的奇異之旅，某北美旅遊網還將該處翻譯了一個幽美的地名——谷中靈園。

我腦中的畫面當然是一片空靈的山谷，飄滿了淡淡的輕霧，在雲深不知處有一座神祕的日式紀念花園。

結果，循著路標登上山腰後，放眼一看才驚覺竟身處於一大片墳場山頭！更奇蹟的是一座座日式墓碑中，還蓋了好多幢歐式別墅或商店，許多房子的前後院或邊上，就與大大小小的墓碑緊鄰。那真是我第一次到異國的墳場觀光，基園的散步道上有一些剛下電車趕回家的上班族，也有好幾位歐美長相的觀光客漫步其中，我相信他們可能也是被什麼旅遊網給騙來⋯⋯逛墳場的！

我們在荒山野嶺上走了近半小時，就是沒有看到傳說中的德川家族紀念園，索性就詢問了一間手工藝品店（墳場中的手工藝品店？），還好優雅的老闆娘懂得些英語，馬上拿出一張紙頭畫了個地圖，上面還用英文大大地寫著「Koban」和一個左轉的箭頭，然後又寫了一個「Pastry Shop」和另一個直箭頭。

看圖說故事，那應該就是指再往前走，會看到一家叫 Koban 的店面？聽起應該是咖啡廳的店名吧？在那裡左轉後沒多久會有一間糕餅店，然後繼續直走就到了！原來日本的墳場這麼貼心，沿路上還有咖啡廳和糕餅店？

　　不過我們穿過了好多別墅、商店和墓園，就是沒有看到什麼叫 Koban 的商店或咖啡廳，晃了兩個多小時天色已晚，一行人才決定放棄尋找德川那一家子，早點離開那座越來越昏暗的怪奇山村。我們又有了一個荒謬的結論：那就是，日本人不怕鬼，才會如此「地盡其用」，在墳場的夾縫中與往生者彼鄰而居！

　　當晚返抵新宿走回酒店的路上，我無意間瞥見一個金色的招牌，上面寫著「新宿駅西口交番」，我在日本漫畫書上見過「交番」這個字眼，知道它就是警察局、派出所的意思，再順勢望過去則是一行英文寫著「Shijuku Station Koban」。

　　什麼！ Koban 就是交番？交番就是警察局？我和兩位洋朋友對望幾秒後大笑了出來。

　　因為我們當天在墳場中，像迷宮裡的白老鼠一般，晃過了某間警察局好多次，根本不知道那就是老闆娘口中的 Koban ！為什麼她不直接在地圖上寫 Police Station ？怎麼連新宿車站警察局的英文招牌，也是寫著日式英文 Koban ？

這個日文單字，我肯定會永誌難忘呀……

許多人到日本觀光一定會去大啖壽司、生魚片或日式火鍋，可是我對那些美食卻一點也提不起勁來。因為我居住在北美漁產最豐富的溫哥華，許多日本廚師都遠渡重洋慕名至此開日本料理店，光是我前街短短的兩百米，就有六家日本餐廳。因此我在東京旅遊時，對壽司或生魚片毫無遐想，反而是帶著同行的加拿大朋友，一同勇闖溫哥華比較少有的「居酒屋」和「牛丼店」。

居酒屋是日本傳統的小酒館，提供酒、串燒、小菜或關東煮為主的料理，有著濃濃的東洋風情，算是很具地方色彩的飲食店。聽説許多日本工薪男性，下班後絕對不會直接回家，而是三五成群先到居酒屋小酌一番，耗個一兩小時後才離開。原來，他們為了不想讓家人或鄰居們瞧不起，認定自己太準時下班，在公司肯定不是什麼重要職務的小角色，因此才刻意營造出早出晚歸的男主外表象。

我沉迷於日本暢銷漫畫改編的日劇「深夜食堂」，尤其對劇中那些地方特色美食非常好奇，掙扎了許久終於拉著朋友們，衝進澀谷小巷子裡的一間居酒屋。為什麼要掙扎？因為在那種本地人才去的小店，肯定沒有英語服務，也絕不會有什麼英文菜單，有些老闆或店員看到膚色泛白的番邦男女，可能還會裝作沒看見你們，省得還要啟動他的記憶檔案，開口溜一些快忘光的高中英語會話。

　　還好那間居酒屋的老闆，也算很熱情地招呼著我們入座，可能以為我這個帶頭的黃皮膚應該是個日本人，才會不斷用日語向我寒暄，直到看見我眼中充滿了閃閃發光的「問號」後，才漸漸停了下來。我們翻開菜單，果然沒有任何英文字，就連我熟悉的漢字也沒半個，全是用毛筆書寫的平假名或片假名日文。

　　我深呼吸的一口氣，和洋朋友們在看不懂的菜單上東指西點，放膽在每一頁都點了一兩道菜，反正每樣東西的單價都不高，點錯了再加點也無妨。只見在「口」字形料理檯內的老闆滿臉狐疑、欲言又止，不過還是嚥了口口水，勉強擠出了一個微笑，轉身開始幫我們料理。

ヱビスビール紀念館 官方旅遊宣傳照

　　那是一間大約只有兩百平方呎的超小型居酒屋，客人們圍坐在口字形外的高腳椅上，口字內則是一個很袖珍的開放式料理區，就像「深夜食堂」劇集裡的那種場景，只差老闆的臉上並沒有那個神祕的刀疤。

　　他在加高的口字形內，幾乎是以半蹲坐的姿勢在料理，負責點餐的是他、燒烤的是他、煮麵的是他、炒菜的是他、送菜收盤的是他、酒促人員也是他。只見他活像京劇裡的武大郎，在榻榻米上或蹲或跪的靈活移動，更像一隻熟練的八爪魚同時處理著六七道餐點。

　　我們的點餐終於送上了，那是我見過最謙卑的送餐方式，一位武大郎隔著加高櫃台跪在我們面前，將好幾個小碟、中碗排列在我們的桌上，然後淡淡地搖搖頭喃了一串我們聽不懂的日語：「速普、速普、速普……」，又緩緩爬回他的燒烤台前工作。

　　謎底終於揭曉，原來我們點了紫菜湯、洋蔥味增湯、日式番茄湯、豆腐蘑菇湯、牛肉咖哩湯、一小碟納豆和一盤醃梅子！怪不得他會一直喃著「速普」，原來是在說：「Soup、Soup、Soup…. 都是 Soup 啦！」

　　比起居酒屋的無厘頭經驗，我們在牛丼店的用餐就愉快多了，而且還發現東京「すき家（Sukiya）」的「丼物」，比起「吉野家」有更多的變化，種類也比台灣分店多出了好多。由於在溫哥華幾乎找不到牛丼專賣店，我們一行人才躍躍欲試走了進去！

　　丼物始於關東地區，也就是類似蓋澆飯的餐點，不過做法與中餐大為不同，是在碗內盛上米飯後，再鋪上一層碎牛肉片（或豬肉片／雞肉片）和洋蔥絲，澆上醬料後將它們與米飯一起蒸熟，食用時可配以日式醃薑絲。在日本的三大牛丼連鎖餐廳分別有：松屋、吉野家和 Sukiya。

　　其中 Sukiya 是以改良式丼物著稱，比起吉野家的菜色更具創意與華麗，就算是看不懂日文的

洋朋友們，也可根據菜單上的大圖片，輕易挑選出自己喜愛的 Topping，那些創意丼物包括：三色起司絲牛丼、白髮洋蔥牛丼、美乃滋鱈魚牛丼、海鮮中華丼、韓式泡菜牛丼、竹筍牛丼、芥末牛丼、大蒜牛丼、玉蔥牛丼……

許多組合都是住在北美的我們聽都沒聽過的新口味，尤其是拌著三色起司絲的牛丼，在攪拌熱騰騰的牛肉與米飯時，還會牽著長長的絲，為牛肉增添了一股濃郁的乳酪香。白髮洋蔥牛丼則是生洋蔥與熟洋蔥的混搭，吃起來有生洋蔥的辛辣，又交雜著熟洋蔥的鮮甜，是一款非常特殊的味覺組合。

我們也因此發現日本的上班族男女，在牛丼店平均的用餐速度大約是八分鐘，加上廚房上菜的時間約為兩分鐘，前後才不到十分鐘就匆匆結帳走人。不像我們這些外來的觀光客，光是研究菜單就要五分鐘、細嚼慢嚥又是二十分鐘、喝杯免費的麥茶也要五分鐘，結果其他桌早已換了三、四批人馬，這一桌卻還是賴著還沒走。

　　我們又大膽假設作了一個奇怪結論：那就是，日商公司的老闆真的很幸福，因為每位員工用餐時，都仍然是若有所思、歸心似箭，急著想回公司繼續賣命加班呀！

　　在旅行中最令人興奮的，莫過於碰上所謂的「意外的旅程」，有時那種意外甚至比原先規劃好的行程更令人難忘，就像我們的「惠比壽啤酒紀念館」（Museum of Yebisu Beer）之行，也是像無頭蒼蠅似的，誤打誤撞才闖了進去。

　　惠比壽啤酒紀念館就位於許多日劇喜愛取景的「惠比壽花園廣場」內，「花樣男子」的道明寺和杉菜第一次約會的地點，就是在這個廣場的現代雕塑前。

　　從惠比壽車站一出來，就可以看到當地鎮地福神「惠比壽」（Ebisu）的可愛雕像。他就是日本七福神裡的海神，總是頭戴烏帽、身穿漁夫裝、右手持釣竿、左手抱鯛魚，一副笑臉盈盈的福態。他也是老牌子「惠比壽啤酒」使用多年的商標人物。

　　我們走進車站外「atré 百貨」的三樓後，沿著指標登上如機場平面手扶梯的「惠比壽天梯」（Yebisu Sky Walk），便直達四五層樓高的歐風小山丘上。我是為了造訪那座美麗的日劇花園場景，才不經意探訪了惠比壽啤酒紀念館，更令人詫異的是它竟然不需入場門票。

　　惠比壽啤酒紀念館是以高貴的酒紅與霧金裝潢配色，挑高幾層樓的氣派大廳展示著一座銅製的老式巨型釀酒蒸餾器，四周設有展覽區、品酒講座區、試飲酒吧、紀念品區。館內有詳盡的中、英、韓文導覽手冊，展示內容包括日本的啤酒歷史、舊惠比壽釀酒廠的相關史料、啤酒製造過程的影片。每一個定點時間還有導覽人員，陪同解說與酒廠相關的古董、照片及文獻，還可登記參加專業酒師講解的品酒講座。

　　雖然解說人員都是以日語發音，可是我們幾個外國人在一旁，仍然是看得津津有味，因為每一件骨董或照片上，都有詳盡的英文翻譯！

　　也才知道「日本釀酒廠」遠在一八八七年就開始生產啤酒了，更名為惠比壽啤酒廠後，更於一九○四年在美國「聖路易斯世界博覽會」的評酒獎項中贏得了首獎。它長達一百二十五年的釀酒歷史，經歷過多次的更名與分家，最後總算歸在「札幌啤酒」（Sapporo Beer）的旗下。

　　這個小鎮也因「惠比壽（Yebisu）」啤酒的知名度，而改名為諧音的「惠比壽」（Ebisu），只不過在拼法與發音上有些許出入。

　　我們一行人也不可免俗，在試飲酒吧（Testing Salon）內各自點了一個 Set 四種口味的試飲套餐，每杯約為日幣四百円左右。分別是：原味啤酒（Yebisu Beer）、黑啤酒（Yebisu The Black）、琥珀啤酒（Kohaku Yebisu），和奶油沫頂黑啤酒（Yebisu Stout Creamy Top）。

　　這些直接從酒廠裡出來的冰啤酒，果然是與日本街頭販賣機裡的啤酒不同！味蕾上幾乎沒有任何苦澀的口感，黑啤酒裡彷彿還散著一絲蜂蜜的甜香；琥珀啤酒則是比原味啤酒更加的甘甜。特別是奶油沫頂黑啤酒，上面那層綿密又細緻的酒沫，讓這款黑啤酒喝起來多了些順滑入口的清涼感，不酸不澀的冰麥酒在舌間跳動著，那種感覺是多麼的美妙。

　　也許是正午的陽光普照，又經歷了好幾天的東奔西跑，在惠比壽啤酒紀念館的那個下午，手中握著透心涼的啤酒杯，優閒地看著酒吧外的參觀人潮，竟成了我最難忘懷的一段記憶！

　　也許你也有赴日本自助旅遊的計畫，亦可能正在研讀各種旅遊指南，或在網上囫圇吞棗搜尋各種景點或美食點，將想玩、想吃的行程排得滿滿，最後卻讓旅行淪為筋疲力盡的趕鴨團。

　　有時何不將那些煩人的指南丟在一邊，盡情地去欣賞沿途的風景，深度走訪一些當地人才會去的餐廳、商家、市集或廟會，體驗那種感動與不期而遇的意外旅程，也許更能帶給你一段段奇妙回憶。

15

萬象之都 首爾。

（北緯）37° 34' N　（東經）126° 58' E

City of Seoul, Korea

（北緯）37°34'N （東經）126°58'E

首 爾 。 萬 象 之 都
City of Seoul, Korea

> 像我這種個性散漫又隨興的旅行者，是個極度不適合跟團的脫序者。因為，我肯定無法在清晨六點爬出被窩，睡眼惺忪地被趕上巴士，也厭倦了那種「三十分鐘後在停車場集合」的口令，或是走馬看花的趕鴨團。因此，回到亞洲追逐太陽的旅行中，也從來沒有跟過旅行團，不過我和幾位洋朋友只靠著英語就想遊遍東方國度，期間當然也鬧過不少笑話！

在每一趟的旅行中，我都希望能夠悠閒地以當地人的眼睛來旅行，而不想用來去匆匆的觀光客視野，來管窺他們的世界。

因此，我才能懶散地拖著行李，像逛大街似地在首爾的「仁川國際機場」裡亂晃，只為了尋找「傳說中」那座像外太空的機場快線 A'REX 車站。

我並不是個哈韓的購物狂，不過當我隔著入境通道的落地窗，瞥見出境區內免稅商店街的規模時，心情竟然也跟著 High 了起來，血液中那種「嗜血」的隱性瞎拼（Shopaholic）基因，居然也開始亢奮得活蹦亂跳。

因為仁川國際機場的候機區域，根本不是只有幾條商店街而已，壓根子就像一座挑高數層樓的巨無霸「瞎拼魔」（Shopping Mall）。

我還從來沒有看過如此多的國外設計師品牌，像是開設國際級旗艦店似的，在機場內大張旗鼓將門面妝點得那般金碧輝煌、爭奇鬥艷。比如長達四、

五個店面的 Louis Vuitton，好像怎麼也不想輸給斜對面金光閃閃、瑞氣萬條的
Christian Dior，刻意將店頭設計得艷光四射、祥雲滿天。

　　彷彿像穿著優雅金縷衣的威登老伯，正在和滿身妖嬈亮片的迪奧大叔隔空
較勁著。

　　就連市面上不普遍的 Hello Kitty 和 Charlie Brown 咖啡廳，也湊熱鬧的在此
開設了格局不小的主題店面。只因為仁川國際機場是目前排名頂尖的機場，它
分別於二〇〇九和二〇一二年，榮獲英國 Skytrax「年度全球最佳機場獎」（The
World Airport Awards）的首獎，與香港國際機場及新加坡樟宜機場，並列為「五
星級」的機場三雄。

　　從入境大廳的地下層進入機場快線 A'REX 車站時，我和同行的洋朋友們還
真是張大了嘴驚嘆不已，因為眼前的場景根本就像一幅穿越時空、飛入未來世

界的景象。站前上方是一片挑高五、六層樓的透天銀色空間，架空的玻璃管隧道就那麼壯觀的交錯在旅客的頭頂上。

如此的畫面很難不讓人聯想起「星際爭霸戰」中，那種船艦穿梭飛馳的先進太空站，正引領著我們進入那一座光鮮亮麗的數位城市——首爾。

然而，那座五光十色的都市，也同時是全球「低頭族」密集度最高的地區。當我們搭乘快鐵或地鐵時，時常會留意到不同年齡層的首爾人，雖然置身於地鐵、巴士或人群之中，卻往往都是低著頭，只在乎手中那只平板電腦或手機上的畫面，人與人之間的溝通與疏離感，可能也稱得上是世界之冠。

我對韓國推廣觀光事業的手段非常佩服，但並不是指他們以偶像明星代言，在全球所放送的那些電視廣告。而是「韓國觀光公社」與各大市政府在知名景點的大街小巷，所派出兩人一組的流動「旅遊諮詢人員」。

他們多是年約二十出頭的大學畢業生，身著紅制服、頭戴紅帽，背上有個明顯的白色「i」標誌，還繫著一個大腰袋，裡面插滿該觀光景點的中、英、日地圖。每位諮詢人員的胸口，都別著一個精通何種語系的名牌，臉上總是堆滿著笑容並肩走在大街上，看到外國面孔的觀光客還會以英文、中文或日文主動打招呼。

　　我和隨行的朋友曾經在「南大門市場」（Namdaemun Market）及「北村韓屋村（Bukchon Hanok Village）」迷路過，還好有兩位路過的紅衣天使主動走上前，親切地用英文詢問我們要到哪裡，隨之就抽出一份免費的地圖，在上面用螢光筆圈出了我們目前的所在地點，以及下一個景點的徒步動線。在南大門市場至少有三組流動旅遊諮詢人員，而在地形比較複雜的北村韓屋村，則有至少五組以上！

　　另外，在首爾知名的「五宮 ・ 一廟 ・ 一古城」，更有免費的外語導覽人員，在特定的時段由精通不同語言的嚮導帶領出團。她們大多是身著傳統韓服的女性，有時耳朵上還戴著一只無線耳麥，背著一只小巧別緻的隨身擴音器。

　　我們在景福宮、昌德宮、宗廟和華城行宮，都趕上了英語導覽團的出發時間，透過這些官方導覽人員精準的英語解說，我們方才瞭解每座宮殿前朝後廷一景一物的歷史背景。比起過往我在其他國家走馬看花的城堡或博物館之旅，韓國的導覽人員讓我們更深入認識了他們的傳統文化與風土民情。

旅遊首爾除了那幾座必玩的古老宮闕城區，其實還有許多不容錯過的知名景點，下面就列出幾處我覺得頗具特色的觀光亮點。

首爾 N 塔 / 南山公園

雖然是陳腔濫調，但是到首爾旅遊如果沒有登上南山公園的「首爾 N 塔（N Seoul Tower）」，那就像是遊玩東京卻沒去芝公園的東京鐵塔，或是觀光巴黎卻錯過了香榭麗舍大道的巴黎鐵塔！南山公園位於熱鬧的明洞商圈，搭乘地鐵四號線在明洞站下車後，從三號出口走出來，穿越馬路走到對街朝著「太平洋酒店（Pacific Hotel）」的方向走即可到達。

當然，行前還是要有點心理準備，最好是穿著比較舒適的布鞋或球鞋，因為過了太平洋酒店之後，就是一條往南山的斜坡路，大約步行十五至二十分鐘左右，才會看右方有一座山頂纜車站。在登上纜車前別忘了準備好相機，隨時捕抓腳下的山城美景，下山時則可穿越南山國家公園的下坡路，慢慢散步走回明洞商圈。

韓國歷代的首都之所以定都首爾，是因為它北有北漢山、南有南山層層圍繞，形成了一個非常容易防守的地理環境。南山也成為過往守護李氏朝鮮王朝的

重要樞紐。首爾 N 塔就位於海拔四百八十米的南山上，再加上塔高一百三十五米，是一處可三百六十度觀賞到蜿蜒的漢江流域、江南與江北全景的制高點。

　　首爾 N 塔的底層有幾間餐廳與酒吧，已成為許多年輕情侶們晚上看夜景的浪漫景點，亦是韓劇裡常出現的場景。在一旁的邊樓還有知名的「定情鎖」與「情人椅」天台，許多情人們紛紛在這裡寫下了愛的承諾，將它們用鎖頭緊緊地鎖了起來，上千上萬、五顏六色的定情鎖，被緊扣在綿延的欄杆上，形成了一幅非常浪漫的畫面，有點類似義大利維羅納或捷克布拉格的愛情鎖之牆。

　　走進首爾 N 塔，穿越觀景台的驗票隧道後，就進入直通樓頂的電梯，電梯天花板上還有一片超大的 LED 帷幕，會配合電梯升降而播放直衝雲霄或落入凡間的模擬影片。當我走進三百六十度的室內觀景台後，才驚覺原來首爾是那麼的遼闊，無論從任何一個方向望出去，都是一望無際的都市叢林、河谷、平原，一路延伸到地平線的一端，彷彿仍是沒完沒了。

　　聽說最適合登上首爾 N 塔的時間大約是下午三至四點鐘，如此不但可以看到白天的景觀，還可欣賞到日暮黃昏的美景。最後，再到觀景台下一層的餐廳享用晚餐，同時欣賞宛如夜明珠撒落人間的首爾夜景。

江南 / 明洞 / 仁寺洞

　　假如你的首爾旅遊是屬於購物之行，那麼在江南區（GangNam）的狎鷗亭洞（Apgujeong-Dong）和清潭洞（Cheongdam-Dong），肯定可以讓你過癮地看遍韓國及國際設計師品牌的高檔服飾精品店。而江北區的明洞（Myeong-Dong），就偏向年輕消費族群的潮牌服飾，還有仁寺洞（Insa-Dong）的古董、瓷器、藝術品及手工藝品店，也是許多追求風雅品味的人仕，喜愛挖寶的熱門地點之一。

　　當年韓籍大叔歌手 Psy 那首旋律朗朗上口的歌曲「江南風（GangNam Style）」，迅速在國際走紅後，首爾的江南區也頓時成為許多歐美人士熟知的旅遊新熱點。

　　江南區最著名的景點之一，就是位於世界貿易中心內的 COEX，它位於地鐵二號線的三成站，是目前韓國最大的購物商場，面積約為

八萬五千平方米，每天估計有十多萬人次的流量。COEX 內除有五花八門的各類商店，還設有 SPA、水族館、百貨公司、夜店舞廳、泡菜博物館、MegaBox 電影城……等娛樂設施。

至於「江南地下商街」，也是另一個熱門的景點，它就位於江南區商業大樓林立的大街底下。我個人將這條漫長的地下街分為兩部分，前區段多為販賣平價流行服飾、新潮商品、3C 產品與餐飲商家。後區段則比較華麗些，多為販賣韓國國內品牌的精品店，以及一些國際連鎖餐廳。

北村韓屋村

位居於景福宮、昌德宮和宗廟之間的北村，是一處充滿了早期韓國傳統「韓屋」建築的住宅區，過去亦曾是兩派貴族世家所居住的據點，因為距離兩座皇宮與皇家宗廟非常近，也被喻為是天子腳下的首善之「村」。北村大馬路旁的兩面山坡上，一共有九百多間具有歷史價值的韓屋，這些韓屋裡除了有世代而居的民家，還有許多小型的畫室、畫廊、個人工作室、手工藝教室。有一點類似上海的田子坊或台北的寶藏巖，不過北村的規劃與格局又比前兩者人性化，並且充滿了濃濃的人文與藝術氛圍。

　　北村一共有八個重要的景點，從遠眺昌德宮全景、苑西洞的藝術作坊路、嘉會洞的美麗韓屋胡同，一直到三清洞上用巨石雕刻的石階路……一路上都可令人感受到一股文人雅士的悠閒之美。

　　不過漫步北村時請務必穿著輕便與舒適，因為如果想看完「北村八景」，就絕對需要走幾段上坡的胡同和石階路，才能從高處瀏覽到古老韓屋村的樓宇之美。二〇〇九年，北村韓屋村亦被聯合國教科文組織，頒發了「亞太區文物古蹟保護獎」，以表彰北村地區對於修復半世紀歷史韓屋的成果。

光化門廣場

　　光化門廣場就位於朝鮮王朝主宮「景福宮」正門的光化門外，也就是在那條寬得離譜的天子之路「世宗路」正中間。二〇〇九年，光化門廣場重新設計與規劃過，建造了朝鮮王朝的世宗大王，與李舜臣將軍的巨型雕像，廣場上還陳設了象徵包羅經緯天下的渾天儀與日晷。

　　這兩座雕像與背後的光化門、景福宮、北漢山連成一直線，形成了一氣呵成的浩然視野，也因此成為韓劇劇組常取景的新興景點。如果你是晚間參訪光化門廣場，那麼你還會看到李舜臣將軍雕像旁的噴泉池，三不五時就會表演起優雅的水舞，伴隨著 LED 投射燈搖曳，變幻出令人目眩神迷的色彩。

清溪川

在光化門廣場的南端盡頭，世宗路左轉後，你就可以看到另一處值得在夜間參觀的「清溪川」。它是一條具有五百多年歷史的人造河，本來也只是一道在地層變動後所產生的水縫，在經年累月、改朝換代中不斷整建後，已經儼然成為景福宮前渾然天成的一條水龍之脈。它的源頭就在附近的市政府，一路貫穿江北區流至「上往十里」附近。

近年來首爾市政府亦花費重金，在河道兩岸增建了許多裝置藝術、畫作、仿古洗衣石與石橋。在夜晚清澈的水中與河岸，還會亮起如夢似幻的繽紛燈火，河水彷彿一抹七彩的液態虹彩，緩緩地在金融區的水泥森林裡奔流著。

清溪川很適合在參觀完古色古香的景福宮後，放鬆一下心情漫步在這座夢幻的螢光河岸，將自己從古老皇宮的前朝後廷之旅，拉回到充滿現代感的浪漫氣氛裡。

東大門 / 南大門

如果你喜歡夜市或當地市集的氛圍，那就不能錯過東大門的批發大本營NUZZON、Hello apM、Migliore 和斗山塔；以及處處充滿美食的廣藏市場。搭乘地鐵一號或四號線，走出東大門的八號出口後，你會發現四周的人群都是背

著大包小包或是拉著手推車！因為這裡就是首爾許多流行服飾、小物裝飾品的店家，常來批貨的重要聚點。

　　東大門四周雍塞的人行道旁與大樓裡，到處都是大大小小的批發商家，與絡繹不絕的補貨人潮，還有湊熱鬧的哈韓觀光客們。它附近的廣藏市場更是臥虎藏龍，商場中央聚集了上百間攤販，感覺頗有台灣夜市或香港大排檔的小吃風情，只不過放眼所見的都是辣年糕、石鍋飯、泡菜鍋、韓式烤肉、韓式壽司、各式海鮮的韓食。

　　許多旅遊網上介紹的美食餐廳，也坐落於廣藏市場附近的小巷弄或商場裡，譬如：陳元祖補身雞、陳玉華一隻雞、橋村炸雞、東華飯店炸醬麵……那些網路上有名的東大門美食也都在附近！

　　南大門市場則是位於地鐵四號線的會賢站，其實還未從五號出口進入市場前，就已經可領教到擁擠的站內，竟然充滿著各式各樣的廉價小商店。南大門市場是一個東西走向五百米、南北腹地兩百米的市集，聽起來好像並不是很大，可是據說裡面卻聚集了大大小小一萬多家商店、餐廳與商場。

　　南大門與東大門所賣的商品略有不同之處，它大多是販賣韓國土產或伴手禮，從觀光客喜歡的高麗蔘、人蔘酒、紅椒粉、苦椒醬、真空泡菜包，到當地家庭主婦所需的海鮮或果菜一應俱全。

　　當然也有所謂 A 貨或 B 貨的仿冒服飾與假名牌包！我當時心裡還犯滴咕：
「原來光鮮亮麗的首爾，也有那麼多不入流的仿冒品！」

　　南大門比較不能錯過的美食，就是市場四號街上的五十年老店「韓順子手
工刀切麵」，如果你看不懂韓文招牌不要緊，只要看到某個麵攤上堆疊著一層
層超高的鐵碗時，別訝異！那就是韓順子的麵店了。

　　韓式的刀切麵和中國東北的刀削麵看起來有些相像，不過麵條的口感和湯
底的口味卻非常不同。雖然兩者的湯底都是紅咚咚的，但是中國東北的刀削麵
是用辣油，韓順子手工刀切麵則是用苦椒醬（Gochujang）來調味，因此麻辣程
度當然就不如辣油來得嗆舌囉！

　　無論是吃韓順子的湯麵或乾拌麵時，你會發現手切麵條底下都藏著好大一
坨苦椒醬，如果你吃不慣苦椒醬，那麼就記得先將它挖出來吧！

梨花女子大學

　　許多熟悉「韓流」動向的旅遊部落客，都會在推薦首爾旅遊時加上「梨花女子大學（Ewha Woman's University）」。建校一百多年的梨大除了是朝鮮王朝的明成皇后所取的校名，也是韓國最著名的頂尖女子大學，許多達官貴族的夫人、名媛，大多是出自這一所名門學府，因此梨大亦成為孕育優秀大韓女性的代名詞。

　　梨大之美在於它處處都是恢弘壯觀的歐式建築，給人一種恍若置身於歐洲大學的錯覺，其中最具代表的建築就是大門入口處的「大講堂（Welch-Ryang Auditorium）」。如果在初春造訪梨大，還可欣賞到處處充滿白木蓮綻放的夢幻美景。

　　當然對許多醉翁之意不在酒的男性觀光客而言，梨大號稱是首爾美女薈萃的最佳「景點」，除了如夢似幻的仿歐建築之外，隨處可見到賞心悅目的校園美女，這應該才是這所大學最值得看的亮點！

　　首爾，是一座宜古宜今的多面相觀光城市，它除了有古典的五大宮闕、皇家宗廟、心形的古城區；也有令人眼花撩亂的流行服飾與尖端科技的大型商圈；更有價錢平易近人的韓食與廉價市集。

　　如果你有計畫走訪這個新興的萬象之都，那麼最好先定位出旅遊首爾的目的，到底是想要一趟優雅的宮闕之遊？還是瘋狂的瞎拼之行？亦或是大吃大喝的饕家美食之旅？總之，在行前細心的篩選之後，就可以省略掉許多不一定要去的觀光景點，要不然什麼都想逛、什麼都要吃的忙碌行程，最後可能會像我一樣⋯⋯將自己搞得精疲力盡了。

16

王朝

下一站，朝鮮

（北緯）37° 34' N　（東經）126° 58' E
City of Seoul, Korea

（北緯）37°34'N （東經）126°58'E

下一站，朝鮮王朝
City of Seoul, Korea

逃離溫哥華飛回亞洲的陽光之旅，每次總需長途飛行十多個小時。當大韓航空的
班機終於降落在仁川國際機場時，我望著窗外停機坪，陽光下那幢龜殼形的銀色
航站主樓閃閃發光，心中充滿了許許多多的好奇與悸動。那一刻起，那座新穎的
城市總能令我眼睛一亮，細想它的歷史背景後，卻又令我百感交集！

二〇〇五年，韓國首都的漢字名稱，正式從上個世紀的舊名「漢城」
（Hansung），正名為現代人口中的「首爾（Seoul）」。這些年來，它也成功
躍身為引領亞洲 3C 科技，與打造電影、電視劇的藝能界重鎮。除此之外，它更
是一個擁有「五宮」：景福宮、昌德宮、昌慶宮、德壽宮、雲峴宮。「一廟」：
宗廟。「一古城」：水原華城的歷史古都。

這一次，我與友人同樣是以一張來回溫哥華與首爾的 e-Ticket、一張可以悠
遊於地鐵及巴士的 T-Money 儲值卡、外加一本「首爾地鐵遊」的英文指南，以
及匆匆在網上預約的民宿旅店（Guesthouse）……就天不怕地不怕展開了我們
的旅程，打算就那樣輕鬆簡單地，走遍我們想遊覽的「朝鮮王朝」古城與宮闕
景點。

行前，幾位哈韓朋友們還熱情推薦了好幾部韓劇裡的知名景點，什麼拍攝
「大長今」的華城行宮、「明成皇后」和「宮」劇裡的景福宮或雲峴宮、「李祘」

和「王的男人」中的水原華城、「特務情人 Iris」槍戰場面的光化門廣場、「咖啡王子一號店」的咖啡館、「原來是美男」的明洞商圈、「天國階梯」的樂天世界、「情定大飯店」的華克山莊……

不過，長年居住在加拿大的我，對這些韓劇名稱有一半以上連聽都沒聽過！

其實我更有興趣的景點，是被聯合國教科文組織列為「世界文化遺產」的南韓四大歷史遺跡：昌德宮、水原華城、宗廟與朝鮮王陵！

當然我也沒有錯過五大宮闕裡最具規模的正宮——景福宮，它是朝鮮王朝的太祖李成桂下令修建的第一座宮殿，我也很訝異在導覽手冊上讀到，宮殿名稱原來是取自中國的《詩經》大雅‧既醉：「既醉以酒，既飽以德。君子萬年，介爾『景福』」。

景福宮最具代表性的亮點，當然就是宮殿外的「守門將換崗」儀式，不過現在擴大為「護軍巡邏」儀式了。新的儀式由更龐大的宮城護衛軍，從勤政門與思政門開始，一直巡邏到景福宮內外部。

　　儀式亦結合了朝鮮王朝文武官吏入朝及退朝儀式，浩浩蕩蕩的表演陣容既熱鬧又不失莊嚴，現場的廣播還以韓、中、英三種語言說明。這個活動每天舉行共三次，分別是上午十一點、下午一點及三點。

　　進入景福宮參觀前朝與後廷的入場券約是三千多韓元，售票處除了提供多國語言的翻譯機，每天特定時段還有免費的中、英、日、韓導遊團。我們很幸運趕上了英文導遊團的出發時間，由官方認證的導遊人員帶著我們這一群來自世界各地的外國遊客，以精準的英文解說了前朝與後廷每一座大小宮殿的典故，也才讓我更瞭解關於李氏朝鮮王朝，甚至是更早的王氏高麗王朝的種種歷史淵源。

　　當我登上了高高在上的勤政殿時，轉身回望著腳下的廣場與遠處的首都景觀，彷彿可以體會到當年「王氏高麗」或「李氏朝鮮」國王們，淪為明太祖朱元璋朝貢宗藩國的痛與無奈。

　　因此，勤政殿內的天花板上，就暗藏著一幅寓意極深的金色浮雕，畫中雕刻著兩尾凌空飛騰的「七爪金龍」。據說那是當年某位國王意圖超越象徵「五爪金龍」的中國皇帝，而將原本代表高麗或朝鮮國王的「四爪金龍」，刻意偷天換日雕成了七爪。

　　在勤政殿外的東西南北方，也各有象徵守護意味的青龍、白虎、朱雀和玄武雕像、十二個方位也皆由十二生肖吉祥物守護著。更絕的是，整座景福宮的許多屋頂燕尾上，都可見到一組七尊貌似小猴子的守護獸，聽導遊的解說後才知道，原來它們還真是源於美猴王「齊天大聖」中的典故！

　　可見當年由中國流傳到王朝與李朝的文化思想，的確深深影響與改變了他們固有的傳統。也難怪乎如今的南韓，不斷致力於擺脫過往種種漢化的歷史痕跡。

　　景福宮除了從前朝到後廷完全開放給觀光客參觀，興禮門右方還有一座「國立古宮博物館」，展示了首爾五大宮闕所遺留下來的兩萬多件寶物，無論是當年象徵皇室權威的玉璽或如意，前朝皇位的寶座與日月屏風，乃至皇親國戚所使用過的珠寶首飾……林林總總，的確令人大開眼界。

　　後廷東北方則有一棟免費開放的「國立民俗博物館」，高聳的塔型外觀源於韓國傳統的木塔造型，裡面展示了從高麗王朝、朝鮮王朝到大韓民國，民間風土民情的多面向演進，無論是文化、建築、服飾、農耕、飲食與信仰……鉅細靡遺。

　　塔外還有一座古色古香的民俗村，仿造了韓屋、水車屋、村莊、陵墓與石柱，讓人彷彿像穿越了時空，回到了古早味十足的韓村。

　　在首爾的五大宮闕中，座落於地鐵安國站附近的昌德宮，稱得上是景福宮的離宮，也是朝鮮王朝修建的第二座宮殿。不過這座建築風格低調的宮殿，在歷史上還是有二百五十年被當成正宮使用過，因此它的格局比起其它的離宮或

行宮更為正規，前朝朝政所需的仁政殿、宣政殿、熙政殿；以及後廷的大造殿、誠正閣、宮內各司……全都一應俱全。

參訪這一座古樸的離宮時，總會帶給人一種淡淡的哀傷感，與濃濃的悲情色彩。在讀完宮內的說明手冊後才知曉，原來這座宮殿曾經是庚戌國恥事件的發生地點，王妃寢宮的大造殿也曾經歷過祝融之火，更在日本侵略韓國的時期，被日本皇軍霸占為指揮中心。

在昌德宮裡還有一處非常特別的區域，它的建築色調及風格與宮內的其他區域截然不同，那就是朝鮮王朝第二十四代國王憲宗，為嬪妃與祖母所建造的樂善齋。由於憲宗的個性崇尚自然樸實，因此整座樂善齋幾乎沒有任何奢華的雕梁畫棟，就連建築物也是沒有漆上鮮豔色澤的原木色系，因此成為後宮中獨樹一格的「簡約風」建築。

據說當年曾被日本皇軍挾持到東京生活的朝鮮王朝末代公主——德惠翁主，在重獲自由回歸韓國後，就是在這座清幽的樂善齋度過餘生。

昌德宮與其他宮殿還有一處最大的不同，就是它擁有一片比宮殿腹地還要大的「祕苑」（Secret Garden of Changdeokgung），座落

於宮殿後迷濛翠綠的山谷之間，山谷中分別有芙蓉池、愛蓮池、觀覽池與玉流川四大庭院。

　　散步於這片蒼翠的山谷之間，你會發現越是祕苑深處的花園越是格局大氣，四周的景色也就更顯幽靜與自然。也難怪昌德宮會在一九九七年，被聯合國教科文組織登錄為世界文化遺產！

　　至於位居地鐵安國站另一端的雲峴宮，其實並非是正統的宮殿，而是朝鮮王朝第二十六代國王高宗，其王室親戚所居住的遺址。高宗在尚未登基之前，曾經在雲峴宮居住過十二個年頭，在成為國王之後，他的家族也跟著雞犬升天，原本的宅府在大幅改建後，升格為有正門、後門、敬勤門、恭勤門等四大宮門的雲峴宮。據說當年內部的佈置與景觀，毫不輸給其它正規的宮殿。

　　不過在日本佔領韓國的時期，雲峴宮的許多建築物都被損毀或夷為平地，就連四座宮門也碩果僅存剩下了後門。目前所存留下來的幾間房舍，也實難端倪出過往風光一時的雲峴宮，與它那道足以影響朝政的皇親國戚光環。

　　想當年高宗的父親興宣大院君，在他未登基的前後都掌有非常高的攝政權，大院君不需要透過國家級的官吏機構，就可以輕輕鬆鬆在雲峴宮裡（當 SOHO 族），直接掌握朝鮮王朝的大小事。

　　如今支離破碎的雲峴宮僅剩下守直舍、老安堂、老樂堂和二老堂，看起來一副年久失修的凄涼景象（門票也只需七百多韓元，午餐時段還可以免費入場），可是它卻是見證朝鮮王朝興衰敗亡的歷史遺跡。

　　宮內的老安堂就是當年大院君的居室與寢室，據説曾經叱吒風雲的他，晚年時也是在堂後的廂房壽終正寢。而雲峴宮中最具規模的老樂堂，則是韓劇裡知名的明成皇后（閔妃）與高宗成親的地點，亦是閔妃接受嚴苛王妃教育的所在地。

　　她父母雙亡的坎坷一生，直到被興宣大院君的妻府親戚推薦後，才有機緣成為高宗的王妃，可是最後卻仍逃不過在景福宮內被日本皇軍弒殺的悲劇，兩年後才被後來的大韓帝國追封為明成太皇后……

除了風靡一時的韓劇「明成皇后」，如果你也曾是韓劇「大長今」或「王的男人」的戲迷，那麼絕對不能錯過造訪水原華城和華城行宮，因為你將會看到許多在韓劇裡出現過的熟悉場景。

這兩個景點雖然距離市區很遠，不過肯定會讓你覺得值回票價！如果你的時間充裕，也可以先逛逛水原華城附近的八達門市場，或是龍仁韓國民俗村。而水原華城左右城郭的入口，就在「八達門」城門兩側的巷子裡，你可以選擇左去右回，或者是右去左回。總之它就像是一座小型的環狀長城，只不過城牆卻是以浪漫的「心型」，圍繞著華城行宮而建造。

水原華城的城牆全長約五公里多，高四至六米，是朝鮮王朝第二十二代國王正祖，為了展現對父親的孝心，而建造的一座心型城郭，城牆上的每一個關口，都設有防禦性的箭座、刺刀和槍砲武器裝備。

一九七九年，在義大利那不勒斯舉辦的聯合國教科文組織委員會，將這座心型的城市指定為世界文化遺產之一。在韓國，水原華城也被譽為是老祖宗們，第一座有都市計劃概念的古城區！

如果你的腳程不快或是嫌累，可以搭乘城郭內「金龍轎」造型的華城列車代步，只不過這輛觀光列車的景觀，當然就不如站在古色古香的城牆上來得視

野遼闊了，在城牆上還可行經十二處城門、將台、炮樓、鋪樓、烽墩、暗門、角樓、雉門……等。

最後，別忘了爬上制高點上的弩台，居高臨下眺望京畿道水原市與華城行宮的美麗風景。再到旁邊的孝園之鐘，體驗一下在山谷中撞鐘的震撼感，不過每撞一次都要花一千韓元喔！或者你也可以像我一樣，在那塊刻著「世界文化遺產」的大石頭邊，拍一張到此一遊的啾咪照！

然後，就可進入大長今的拍攝地點──華城行宮了！

華城行宮被譽為是朝鮮行宮的建築翹楚，它是當時的國王正祖時常停留的行宮，居住之頻繁甚至被稱為是正祖在景福宮之外的副宮。建宮初期，行宮一共有六百多間房間，其中包括已命名的：奉壽堂、福內堂、維輿宅、新豐樓、南北軍營、於華館、得中亭，以及供奉正祖御像的華寧殿……等建築，方正格局的腹地也是所謂的正宮結構。

行宮內的廣場每天都有常設的表演節目，除了武藝二十四技的公演，還有許多街頭藝人的即興演出、民俗遊戲。當然，千萬別忘記去試穿大長今的韓服，拍一張冒充宮廷醫女的紀念照吧！

　　宮闕之旅的最後一天，我們還特地造訪了位於地鐵鐘路三街站附近的宗廟，簡單的說它就是供奉李氏朝鮮王朝歷代國王與王妃的祠堂，也是目前全世界最古老的一座「皇室儒教祠廟」。宗廟每年所舉辦的祭禮，和祭禮上演奏的祭禮樂，也在二〇〇一年被聯合國教科文組織，列入「人類非物質文化遺產」代表作名錄（UNESCO Intangible Cultural Heritage Lists）。

　　宗廟裡供奉國王與王妃牌位的建築物，共有正殿與永寧殿兩座，永寧殿又分為正中、東夾與西夾。除此之外還有祭祀朝鮮王朝八十三位功臣的功臣堂，以及樂師、樂器與祭品專用的典祀廳、樂工廳與齋室。

　　基本上遊客們並不能自行進出宗廟參觀，必須在門口等待特定時間的官方導遊帶團，方可遊覽宗廟裡的正殿與永寧殿。我們抵達宗廟的時間稍晚，所以

錯過了剛剛出發的英文導遊團，還好熱心的警衛伯伯帶著我們手刀小跑步，上氣不接下氣地穿越了偌大的花園，才終於趕上了在正殿外解說宗廟典故的導遊小姐，與其他幾位歐美長相的觀光客。

在這座皇室祠廟裡，有一些儒教的禁忌與規矩，是我們這些外國人士所無法理解的，因此身著韓服的美麗導遊，常會在我們身後叮嚀與提醒。例如通往正殿或永寧殿的石頭路上，正中央都有一條一米寬的「黑色走道」，訪客們絕對不能踏上去，必要時還需跳過那一條黑色走道。

因為，它是專供皇室歷代國王與王妃們的靈魂，在祭典出巡時專用的走道！因此我們這些生人當然需要迴避！此外，在參觀宗廟時，你可能會有點小失望，因為我們這些凡夫俗子們，絕對無緣看到那些國王或王妃們的牌位，只能看到一扇扇朱門深鎖的神龕，除非是遇上了每年一度的祭禮，才可能有幸瞻仰到吧！

在我們花了好幾天深度走訪首爾的五宮、一廟、一古城後，從不同的英文導遊口中聽聞了高麗王朝或朝鮮王朝的片片段段後，也挑起了我的好奇心去 Google 了更多王氏高麗或李氏朝鮮的歷史文獻。細讀後才發現，這個國家在上幾個世紀充滿悲情與卑微的存在著，除了曾是中國朝貢、宗藩體系下無奈求生存的小國，也在百年前經歷過被日本皇軍侵略、壓榨的種種民族悲劇。

漸漸地，我開始體諒韓國朋友們血液中那份超強的自尊與好強。

原來，他們都拼了命似地在改寫自己的未來，極力擺脫過去那段朝貢宗藩國與殖民地的心酸血淚史，才終於能在如今的國際舞台占上了一席之地！

17

吃透透 韓國美食

（北緯）37° 34' N （東經）126° 58' E
City of Seoul, Korea

（北緯）37° 34' N　（東經）126° 58' E

韓 國 美 食 吃 透 透
City of Seoul, Korea

自助旅行中最悲慘的狀況，應該就屬完全聽不懂當地人的語言，或者連僅會的
英文與中文，都完全無用武之地！那還真會讓人有一種叫天不應、叫地不靈的
恐懼感……

　　我和朋友既不會說韓語、也看不懂韓文，在首爾自助旅行出發前夕，更懶
得在網上惡補什麼單字或片語，頂多在飛機上跟大韓空姐哈拉時學了幾句，「阿
牛（Annyeong）」是「你好」、「阿牛哈誰呦（Annyeong-Haseyo）」是敬語
的「您好」，還有「看啥和你打（Kam-Sa-Ham-Ni-Da）」是「謝謝」！

　　不過除此之外，我們連殺價時的基本用語「多少錢？」、「便宜點？」、「太
貴了！」、「你坑人呀？」、「我走了」、「我真的要走了！」…… 這類的韓
語我們一句也不會。

　　還好在首爾所有的路牌、站牌、指示標誌、語音廣播，都有詳盡的英文說明，
有些大型地鐵站甚至還有完善的中文指示，因此在「行」的方面幾乎是完全暢
行無阻。不過在「食」與「住」方面，通常就要靠我們精采的肢體語言，和豐
富的表演天份，才能讓餐廳的服務生或商店的售貨員，瞭解我們到底在比手劃
腳說些什麼。

　　我那位不諳東方語言的洋朋友，是個不太吃豬牛紅肉，只偏好雞肉與蔬菜的養生者。每次到了那些語言不通的餐廳時，他總會無厘頭地使出「手語」的看家本領，像跳「雞舞」似地揚起雙臂，發出 Bok Bok 的雞啼聲；或是搖搖手說 NO，然後彎著腰拍拍臀部，發出一種類似 Oink Oink 的豬聲，有時搞得服務生和我都有點傻眼。

　　其實首爾大部分的知名商場或百貨公司，都有口操流利中文或英文的售貨員，專門負責招攬外籍觀光客的生意。可是我一如過往的背包客精神，總會好奇地跑進小巷小弄裡，去品嘗當地人才去的餐廳，或逛逛本地學生與家庭主婦們才去溜達的商家，因此這種怪胎會碰上雞同鴨講的機率，當然也就比麻瓜們高出許多。

　　我們下榻的地點是在漢江以北，城東區的「上往十里站（Sangwangsimni Station）」，基本上也就是本地人所謂的純住宅區，顧名思義那裡應該是上往

或下行「十里」都沒有什麼觀光景點吧？還好首爾的地鐵網四通八達，我們要前往任何知名站點，通常只需十多或二十分鐘就可抵達了。

我在行前堅持要體驗「韓屋」，要下榻於當地居民所居住的住宅區！因此所得到的報應就是，每次走進附近的餐館用膳時，總要經歷一番挑戰，才能勉強吃到一些差強人意的菜色。為了方便起見，我們只能挑那種牆上貼滿食物海報的餐廳用膳，反正只需指指點點就可點上一桌的食物，還調侃自己是個「海報食客」。

因此，我們人生地不熟的第一頓晚餐，吃的是麥當勞玻璃門上那張海報上的「韓式燒烤醬漢堡

（Bulgogi Burger）」！此堡只應韓國有，人間能得幾回聞？我還真的從沒聽過麥當勞有這種漢堡，不過嚐起來甜甜辣辣的滋味，也算是沾到邊吃到了韓式速食。

第二天的午餐，則是附近韓式餐廳玻璃窗上貼的「怪奇火鍋」，雞皮鶴髮的老闆娘還吃力地用英文解釋，其實牆上那些圖片……都是她從海報店買回來的裝飾畫，他們賣的火鍋並不是長得那樣子。

我聽了額頭差一點劃下三十二條線，不過熱情的她還是照著海報依樣畫葫蘆，為我們準備了一鍋充滿著不知名海鮮生物、馬鈴薯和泡菜湯底的怪怪鍋，吃得我們的腸胃也有點五味雜陳。

除了頭兩餐吃得有些狼狽之外，後來的幾天倒是嚐遍了所有該吃的韓食，從生吞活蹦亂跳的章魚（Sannakji）、品嚐道地的韓式燒烤（Bulgogi）、部隊火鍋（Budae Jjigae）、泡菜火鍋（Kimchi Jjigae）、朝鮮拌飯（Bibimbap）、

韓式粥品（Juk）、一隻雞／補身雞（Dak Hanmari）…… 全沒有錯過！

　　初聞「生吞活章魚」這道菜名時，就已經令我瞠目結舌了，其實它是韓食裡非常普遍的冷盤小菜，只不過入菜的並不是那種深海大章魚，而是一種生長在沙灘上的細長爪小章魚。至於生食的方式也有兩種，一種是把活生生的章魚去掉頭部，迅速將神經知覺未斷的章魚爪切成小段擺盤，再灑上芝麻、麻油或苦椒醬，上菜時只見盤中萬「爪」鑽動，看起來還挺驚人的。

　　另一種方式就是生食整隻章魚，廚師會先將章魚放在篩子裡，以順時鐘方向攪拌清洗砂石，也藉此手勢將章魚攪得「暈頭轉向」，然後放進盛滿水的大碗裡就上菜了，也難怪有些人會稱它為「昏倒章魚」！

　　饕客要生吞前，只需徒手從碗中捉起章魚的頭部，用另外一隻手將長長的八根細爪由上往下瀝乾水分，然後再將章魚的頭部沾些小碟裡的苦椒醬，就可從「頭」開始一口送進嘴中，像吃麵條似的一吋一吋細嚼慢嚥，將長長的章魚爪全部嚼入口中。

　　我當然沒有膽去生吞一整隻活章魚，只是點了很小很小一盤切成段的章魚爪，想嚐嚐這種韓式的活體「刺身」。那還真是一種前所未有的奇異口感，除了章魚爪仍會在口中蠕動，就連爪上的小吸盤也會黏答答地吸附在口腔壁上，為了提前結束那種口中有東西在掙扎的恐懼感，我只能更努力的用牙齒去咀嚼，直到嘴裡都沒有動靜了，才敢緩緩地吞下肚。

　　你問我，好吃嗎？其實我並沒有品嘗到什麼像生魚片的鮮美口味，因為味道早已被濃濃辣辣的苦椒醬蓋掉了，頂多有種像是在吃海蔘或蒟蒻的彈脆口感。

　　我的洋朋友們在一旁搗著嘴、睜著無法置信的眼睛，看著勇敢的我，只為了想寫些不同的旅遊記趣，就在異國囫圇吞「章魚」！他們從頭到尾連碰也不敢碰那一小盤不斷在向他們揮爪打招呼的冷盤。

　　尤其是看到隔壁桌的韓國阿遮細，將一隻隻的活章魚送入口中時，細爪爬滿嘴角或臉上的景象，他們竟低聲無厘頭地交談著：「小章魚在外星球的遠房親戚們，一定會來地球替它們復仇……」我看他們只差還沒拔腿逃出那間海鮮店吧！

　　我們所到的東大門市場和廣藏市場附近，還有一種非常特別的海鮮餐廳，它們基本上不提供食材或菜單，食客需要自行在樓下的漁貨市場裡，挑選自己想要入菜的海鮮，再拎到二樓找一間中意的餐廳，將買回來的蝦蟹魚產丟給他們，廚師們就會幫你烹調成一道道的美味佳餚。

　　我想這種餐廳應該是迎合喜歡吃現宰海鮮的老饕吧？況且樓下的漁貨市場裡有上百種稀奇古怪的海洋生物，根本就是那幾間餐廳現成的貨倉，他們哪還需要進貨或替客人準備什麼食材嘛！

　　至於我的「韓式燒烤」體驗，完全是在無預期情況下發生的，那時我們正在地鐵惠化站的大學路附近閒逛，該處曾是首爾大學的舊址，附近還有另外四所大學林立，因此惠化站算是非常年輕味的大學商圈，有點類似台北的師大商圈，但是又多了許多流行與摩登的元素。

　　大學路上的商家大多是因應附近大學生們，在課餘時的休閒與用餐需求而生，因此各式餐廳、咖啡廳或啤酒館也特多。在學生們的經濟條件與同行間的競爭下，該商圈的消費也偏平價化。

　　我們是看到許多燒烤餐廳都貼出類似「韓牛燒烤／每位七千韓元」的英文海報，才突然食指大動想嚐嚐道地的韓式燒烤，是否和在加拿大吃的有什麼差別？我們很幸運走進一間侍者們諳英語的燒烤餐廳，點了一份韓牛里肌肉的燒烤後，還在考慮需不需要加點些什麼時，桌上就突然被快手快腳的服務生，放滿了各式各樣的大小碟子。

　　除了有沾醬之外，還有泡菜、醬菜、蘿蔔絲、洋蔥絲、包心菜絲、白菜片、香菇、蒜頭、生菜葉、紫蘇葉，與木盤上紅白交織的里肌肉。我依照在溫哥華和韓國同學吃過燒烤的經驗，先將幾片鮮美的里肌肉和香菇片鋪上圓形的銅板烤盤上，再將幾顆蒜頭放入一只錫箔小容器上加熱。

　　直到肉類都烤熟後，就抓起一片紫蘇葉或生菜葉鋪在手掌上，依個人喜好放上烤肉、香菇、蒜頭、洋蔥絲……，抹上麵豉醬後姆指與中指一掐上！葉片就完美捲成一只小小的菜肉捲！送入口中後，我和朋友都大嘆肉質的確鮮甜爽嫩，也難怪韓牛在他們的飲食文化中一直扮演著非常重要的地位。

　　聽韓國同學介紹過，一般的韓式燒烤店頂多提供瓦斯爐烤盤，但講究的燒烤餐廳就一定是使用銅盤，最好底下還要以最原始的炭火來加熱，才能烤出道地的朝鮮口味。如此看來，我們那天在大學路上花的七千韓元，既有銅盤又用炭火，也算是值回票價了！

　　幾天後，我們也嚐了知名的「部隊火鍋」，那是在逛完充滿美麗韓屋的北村（Bukchon Hanok Village）後，在又累又餓的情況下，隨便衝進了一間火鍋店，

又隨便指了菜單上一張看起來比較順眼的火鍋照片後，所誤打誤撞點到的菜色。
那鍋中不但沒有不知名的海洋生物，還有很多我們很熟悉的西方食材！我當下
用手機 Google 了一下，才恍然大悟原來那就是鼎鼎大名的部隊火鍋！

　　部隊火鍋又稱為「部隊鍋」或「詹森湯（Johnson Tang）」。它源自於韓
戰之後，美軍部隊駐紮的平澤和汶山基地附近，當地居民生活清寒，時常將美
國補給糧食中的罐頭肉（Spam）、香腸、熱狗、火腿及乳酪等食材，加上民間
的洋蔥、青蔥、烤豆、醃肉、韓式年糕，放入以苦椒醬為湯底的鍋子內煮食，
從此部隊火鍋的名聲才如此傳開。

　　最特別的是，在上菜的火鍋料當中，還會附上一塊泡麵，我當時還以為就
像中式火鍋裡的「龍口粉絲」吧？要等到全部的火鍋料都快吃完時，才放入泡
麵去煮，不然整鍋湯底不就糊掉了嗎？

　　結果，熱心的老闆娘可能看不慣我們一直在忽略那塊泡麵，在湯滾時竟然
就快手快腳將泡麵給丟了進去，然後將溫度調整為小火、蓋上鍋蓋，大約五分鐘
後還用手語提醒我們可以吃了。原來，它和大多數的韓國泡麵一樣「久煮不爛」

呀！只是我們也不知道那樣到底算是好還是壞？當我們吃完一整個部隊火鍋時，鍋底中的麵條竟然還是條理分明，吃起來依然很有彈性……

看到隔壁桌的阿遮細或阿珠媽們，全都是吃著紅咚咚的「泡菜火鍋」，裡面充滿了精彩的豆腐、海鮮或豬肉。回過頭時才驚覺，我們桌上的部隊火鍋還真是萬紅叢中一點「清」，整間火鍋店只有咱們在吃那款東西合璧的雜鍋！

這一次的旅程中我們吃得最多的菜色，應該就屬各類的「朝鮮拌飯」吧？就連來回程的大韓航空班機上，也有提供這種很普及的朝鮮拌飯。我在飛機上偷瞄隔壁座的阿珠媽，才知道朝鮮拌飯的「飛機餐」吃法！

原來要先將長得像牙膏的飛機專用苦椒醬，擠進那碗有牛肉絲和蔬菜絲（包括：黃瓜絲、胡蘿蔔絲、白蘿蔔絲、冬菇、海苔、桔梗、蕨、菠菜和豆芽菜）的大碗內攪拌，然後再放入那塊原本被密封的熱飯，不斷用湯匙將食材、調味料及米飯拌均勻，才能開始食用。亦可視個人口味再加入更多的苦椒醬！

朝鮮拌飯也被翻譯為「韓式拌飯」，韓國人亦暱稱它為「骨董飯」。除了上述的牛肉食材，亦可選擇炒熟的豬肉絲或雞肉絲，我們在餐廳裡所食用過的

拌飯，通常還會在上面打一顆生雞蛋。至於所使用的容器，則視不同地區的風土民情，常會使用不同的材質，我那趟旅行中已吃過瓷碗、石碗、鑄鐵碗、不銹鋼碗⋯⋯等。

其中最著名的拌飯類型，應該就屬「石鍋拌飯」吧？它是將小型的熱石鍋裡塗上麻油，再裝入各類蔬菜、肉類及米飯，經過均勻的攪拌之後，靠近碗邊的米飯就會色澤金黃、香脆。聽說來自全洲或晉州的「黃銅鍋拌飯」也非常特別，只不過我們卻無緣遇上！

而我們的「韓式粥品」經驗，則是在東大門的「本粥（BonJuk）」連鎖店嘗試的，它在許多知名景點都有不小的分店，提供了幾十種不同類型的韓粥，價位大約都在七千至八千韓元。菜單除了有中、英、日、韓文，還有相當多的粥品圖片，有些偏橙色的粥是添加了泡菜、也有偏暗紅色的則是添加了紅豆、還有以乳酪入味的特殊粥品。

千奇百怪的口味與搭配方式，乍看起來好像和中港台的粥點差不多，不過嘗起來的口感與味覺卻大相逕庭。我們各自點了一碗鮮蝦粥和紅豆粥，吃了之

後才發現，原來韓式粥品烹調得非常濃稠，濃度大約就像是沒有加太多水的芝麻糊或麥片，食用時還可撒上一些海苔碎拌著吃，倒是別有一番風味。

原本我還以為我的紅豆粥應該會是甜的吧？因為除了紅豆之外裡面還有一顆顆白色的小湯圓，結果一送入口中才發現，怎麼會是鹹的呢？後來才知道原來那種鹹紅豆粥，是他們在冬至時節才會吃的驅魔、招運的粥品！

如果你嫌韓式粥品吃起來太單調了，本粥連鎖店還有賣一種很香的煎餅，有一點類似希臘餐廳裡的薄 Pita，可以夾著泡菜一起入口，吃起來香香辣辣的口感，倒讓我懷念起小時候用饅頭夾辣蘿蔔乾的古早口味。當然依照韓國人的習慣，就連這種粥品店也提供琳瑯滿目的免費小菜，每款粥品都會附上專屬的泡菜、牛肉絲、辣蘿蔔及凍蘿蔔湯，更可嘗到只有本粥連鎖店才有的「魷魚泡菜」。

說起首爾知名的「一隻雞」，我是在 YouTube 的美食頻道上才得知此物，影片中那位口操英語的阿珠媽，大力推薦桌上那一鍋叫「一隻雞」的雞湯。因

此那次的旅行中，我一直引領期盼能吃到那鍋很特別又不油膩的補身雞，畢竟我對韓式人蔘雞湯的興趣實在不大！

可是，我們在東大門的廣藏市場附近逛了一大圈，卻怎麼也沒找到傳說中陳奶奶的「陳玉華一隻雞」餐廳！反而誤打誤撞去了陳奶奶的弟弟，陳元祖所開的「陳元祖補身雞」！還好服務我們的是一位柬埔寨來的女大學生，她以流利的英語向我們介紹了「一隻雞」或稱「補身雞」的製作方法，也提到無論是姊姊陳玉華或是弟弟陳元祖，都是遵循相同的陳家古方烹調。

陳家姊弟製作雞湯所採用的雞隻，絕對只能是出生後三十五天的土雞，因為幼雞的肉質非常細嫩，吃起來才會鮮美有彈性。再則，每隻雞在入鍋上菜之前，一定會先抹上薄鹽稍微蒸過，藉以鎖住土雞肉中的鮮甜度，然後才丟入原味雞湯裡，加入大量的蔥與蒜煮到沸騰為止。

服務生上菜時，是端著一個類似臉盆大小的鍋子，在清清如水的雞湯裡躺著一隻全雞、馬鈴薯片、韓式年糕、青蔥與蒜頭。那位柬埔寨的服務生以英文簡單的解說後，立刻拿出一把大剪刀，俐落的將那隻白嫩的土雞「瞬間」剪成了一盆雞塊！然後就開始教我們如何用醬油、麻油、黑醋、黃芥末醬，以及從不缺席的苦椒醬，調出自己喜歡的沾醬！

沸騰了好一陣子後，不油不膩的清雞湯總算飄起一股香味！在服務生的提醒下，我們迫不及待撈出了幾塊雞肉和馬鈴薯片，就算還沒有沾上醬料或辣醬前，嫩土雞的「清純」口感早已讓我們驚豔不己，原來雞湯也可以喝得如此不油不膩！

難怪這種低鹽、低油、低調味料的補身雞，能夠讓陳家姊弟的「陳玉華一隻雞」和「陳元祖補身雞」，兩大連鎖餐廳幾十年來馳名首爾！姊弟倆各自開了許多家分店，分店裡清一色只賣這種毫不起眼的「臉盆雞」，沒有眼花撩亂的食材，也沒有五花八門的調味，但是卻依然令人吮指難忘，也算在韓國傳統的人蔘雞湯市場，帶起了一股補身清雞湯的養生概念。

　　寫到這裡,我突然覺得應該起身作作運動了,因為那一趟為期五個星期的亞洲陽光城市之旅,我從韓國一路吃到香港、台灣,每一道菜都是旅遊網上所謂的「必吃名菜」。不過也因此足足胖了將近八公斤,肚子上更多了一圈馬芬頂(Muffin Top),我想這就是嚐遍美食之後的罪與罰吧!

18

記憶中的葡萄牙瓷磚畫

（北緯）22° 11' 51" N　（東經）113° 32' 26" E
Macau

（北緯）22° 11' 51" N　（東經）113° 32' 26" E

記 憶 中 的 葡 萄 牙 瓷 磚 畫
Macau

將近五年追逐太陽的行腳，我不確定澳門是不是我造訪的最後一座陽光城市？但是，我記得它是我尋找童年淺藍記憶的一次旅行，也發現原來年幼時曾經毫不起眼的事物，在長大後試著去瞭解與追尋後，會無意間開啟一個完全不同的美麗視野。

提到澳門，許多人聯想到的可能是紙醉金迷的博彩、賭城或娛樂場。在我的印象中，它卻如一片白底藍花紋的「葡萄牙瓷磚畫（Azulejo）」，在泛黃龜裂的釉藥下白描著如青花瓷般的工筆線條，但圖案中的景物卻是充滿西方畫風的人事物。

其實，那是我童年記憶中的一片瓷磚畫，曾被家人當成熱水壺底下的隔熱墊，它是由四片鑲拼在木片上的方形磁磚所組成的，上面以湛藍描繪著密密麻麻的圖案。瓷磚的邊緣工整地描繪著一圈歐式縷花，圓潤的葉脈花紋重覆交疊，每隔幾片還有幾顆水滋滋的葡萄。

畫中有幾棵矮小的灌木叢，樹叢前方站著一對西洋長相的男女，女孩及膝的蓬裙圍著一襲小白兜，手腕上挽著一只裝滿葡萄的竹籃。男孩則頭戴小帽身穿吊帶半短褲，肩上還扛著一只類似鋤頭的工具。

　　長大後我才知道那些灌木就是葡萄樹，畫裡的人則是葡萄牙的酒莊男女，那片瓷磚畫是親友從澳門帶回來的伴手禮。因此，澳門在我腦海中一直是以一抹淡藍存在著。

　　幾年前，我在香港看完某個國際展覽後，一時興起登上了前往澳門的噴射快艇（Turbo Jet），開始了我印象中淡藍色的旅行，很單純的只是想尋找童年時見過的神祕葡萄牙瓷磚畫，以及小時候母親常提到的一些澳門土產或小吃。

　　我下榻於金光大道上的威尼斯人，只因為多年前去內華達州旅遊時，無緣住進拉斯維加斯的威尼斯人，因此那次才在澳門威尼斯人乾過癮一下！我並沒有像許多遊客那樣，流連於當地的各大賭場或酒店，反而將大部分的時間花在

尋訪「澳門歷史城區」，也就是每次旅行中比較醉心的「世界文化遺產」景點，及亞洲殖民時期的教堂或建築物巡禮。

除了眾所周知的聖保祿教堂舊址「大三巴牌坊」、舊城牆遺址、伯多祿五世劇院、聖奧斯定教堂、玫瑰聖母堂、聖老楞佐堂、聖安多尼教堂……滿足了我對殖民文化的好奇。我也驚艷於那些充滿東方色彩的媽閣廟、哪吒廟、亞婆井或鄭觀應故居，竟能如此協調的並存於葡式建築林立的歷史城區，一種古老東方與西方的美，就那樣在半島上神奇的交會著。

我也很慶幸竟然在高美士街的「葡萄酒博物館（Museu do Vinho）」，找到了童年記憶中的葡萄牙瓷磚畫！它們懸掛在館內的牆上或展示櫃裡，所描繪的大多是葡萄酒莊的一景一物。那種童年記憶中的淡藍色，細膩地刻畫著葡萄

園或葡萄酒釀製的古老場景！聽說該館所珍藏的所有瓷磚畫，都是在百年前的
殖民期，特地從葡萄牙海運過來的藝術品。

　　當我正仔細瀏覽著牆上的瓷磚畫時，眼球突然被其中的一幅畫吸引住，還
驚訝地佇立在那幅畫前。它是由九片磁磚所鑲拼而成的一幅畫，畫中那對穿著
打扮很眼熟的西洋男女，以及背景那幾棵似曾相識的灌木叢，與家中所曾擁有
的那片縮小複製版幾乎如出一轍！

　　我那才驚覺，原來它就是印象中那片淡藍的原畫！

　　那種激動並不亞於第一次親睹「蒙娜麗莎的微笑」時來得少，甚至更多了
一種穿越時空，尋回一片遺失拼圖的雀躍！

　　我甚至懷疑會不會是淺藍色陶瓷畫中古典的西洋男女，在我童年腦海中刻
下了一個小小的記號，讓我對西班牙、葡萄牙或荷蘭殖民時期的人事物與古建
築，有一種無法抗拒的喜好？才會在追逐太陽的一次次旅程中，也走進不同殖
民文化的教堂、博物館或舊城區？

　　當然，來到這個充滿美食的旅遊勝地，我很難不大開「吃」戒，去
享受旅遊網上所推薦的各家餐館與小吃！其實澳門的美食，許多都源於
廣式的傳統食材與調理，又因地緣與外來殖民文化的影響，融合了葡萄
牙、印度、非洲、香港與東南亞的多元特色，而演變為如今那種包羅萬
象的澳門菜。

　　無論是廣式的燒味（Siu Mei）、東南亞的沙嗲（Satay）、莫三比
克的非洲雞（Galinha à Africana）、葡萄牙的馬介休（Bacalhau）、葡
國雞（Galinha à Portuguesa），乃至最常見的吐司（Toast），都被改
良成帶著點中西合璧的澳門美食。

　　我停留在澳門的三日，吃喝方面還真有點像在按圖索驥，每天離開
酒店去旅遊景點之前，一定會先在幾個港澳地區的食評網，搜尋該景點
附近的小吃或美食，畢竟食評網上網友的反饋，絕對是既犀利又毒舌、
有褒有貶，比起旅遊書上報喜不報憂的餐廳評價，更多了些血淋淋的真
實感。以下就是我這個大嘴吃貨，在澳門吃吃喝喝的全記錄！

　　瑪嘉烈餅店（Margaret's Cafe e Nata）── 澳門的「葡撻」也就是
所謂的葡式蛋塔，曾經在九十年代紅遍港台甚至整個亞洲，來到澳門我

當然不會錯過最道地的葡撻！但是它還蠻常出現在各大茶餐廳或小食館的菜單上，我還真有點混淆是否應該有什麼本店或老店呢？

　　我和酒店的櫃台人員打聽後才得知，在新馬路馬統領街上瑪嘉烈餅店的葡撻，才稱得上是口味最原始的老店。不過瑪嘉烈的地點並不好找，甚至算是有點隱密，我從葡京往新馬路的方向走著，經過一所葡語學校後，又左彎右拐才走進一條內巷，看到了別有洞天的瑪嘉烈餅店。

　　雖然在瑪嘉烈門口排隊買葡撻的隊伍很長，可是平均只需等個五分多鐘就可買到了，因為他們的烤箱時時刻刻都在焗烤著數不清的葡撻！也因此在這裡所吃到的葡撻，絕對都是新鮮出爐的熱品，和市面上常見的冷葡撻口感實在強太多了！

　　相較於港式甜點中皮薄、綿密的蛋撻，瑪嘉烈餅店的葡撻則是走皮厚、酥脆的路線，伴著濃濃牛油味的酥皮裡，是焗得金黃透焦的香甜蛋心。雖然是重油、重糖又高蛋的甜點，我一個人還是不知不覺就吃了一盒（六只）葡撻，直到驚覺盒子已經空了，才捶胸頓足懊悔不已！另外，瑪嘉烈的奶茶和卡布奇諾也很好喝喔！

　　盛記白粥（Seng Kei Congee）── 在澳門至少有四間盛記白粥的分店,我的澳門早餐初體驗,是在蘇雅利醫士街的盛記分店享用的!顧名思義盛記當然是以粥品著稱,其中最出名的就是他們的白粥,是以若干種精選的香米研磨後,再加入切碎的腐皮慢火煨燉,才能煮出香滑鮮甜卻又不見米粒的輕爽口味。與其說是粥,我個人倒覺得更像是濃稠美味的米漿。

　　我還點了炸兩、牛脷酥、炸麵（油條）、蘿蔔糕,以及芒果豆花。他們的炸兩是用滑嫩的腸粉包裹起酥脆的油條,吃起來混合著脆與滑的雙重口感,一點都不會有過往嚐過的炸兩,那種要吃得齜牙裂嘴的突兀感。

　至於牛脷酥當然不是真的炸牛舌頭，而是用麵粉和糖揉成像牛舌型狀的麵糰，再油炸成類似甜甜圈的食品，吃起來外軟內脆還算特別！假如你想渡過一個澳門風情的清晨，盛記白粥不失為一個便宜又大碗的早餐站點！

　恒友魚蛋（Hen You Curry Fishball）—— 想要嚐遍澳門的街坊美食，魚蛋當然是絕對不可錯過的路邊小吃之一，尤其是議事亭附近的恒友魚蛋。他們的魚蛋乍看起來有一點像日式的關東煮，或者是台式的甜不辣，只不過一整碗裡全是琳瑯滿目的魚蛋。當然此魚蛋非彼魚蛋，它們並不是什麼魚卵或魚子，只不過是用魚漿所揉出來的各種口味魚丸！

　　許多人可能會說，魚蛋在香港或深圳的街頭到處都有呀！為什麼要跑到澳門來吃魚蛋？當然是因為恒友的魚蛋是採用不同的醬料，尤其是老闆所特調的勁辣湯底，混合著從魚蛋裡流出來的海膽漿或起司醬時，那種特殊的濃烈口味與香港街頭的魚蛋的確有些差別。

　　這間在大堂巷的小店完全採取自助式，就像是台灣夜市裡的鹽酥雞，或是四川街頭的麻辣燙，自己拿起碗挑選你想吃的魚蛋口味，店內的服務人員就會幫你燙熟、淋上勁辣或少辣的咖哩湯頭。魚蛋種類除了招牌的起司包蕊丸和包蛋丸，還有蟹子丸、牛百頁和「海膽丸」……林林總總。

　　潘威記蛋糕店（Poon Vai Kei）── 假如你喜歡西點麵包或蛋糕，那麼逛完議事庭附近的店家後，別忘了和我一樣在天神巷停一下，試試潘威記蛋糕的「歌劇院蛋糕（Opera Cake）」！這種蛋糕被譽為是法式頂級糕點的精品，是由法國皇家御廚「達洛優（Dalloyau）」家族所研發的，它曾是只烘培給皇親貴族享用的專屬御點心，並不是普羅大眾就可吃到的人間美味喔。

　　傳統的歌劇院蛋糕是以杏仁、咖啡糖漿、鮮奶油、巧克力混合物，和巧克
力淋面（Chocolate Glaze）所烘培出的一種海綿蛋糕。潘威記的歌劇院蛋糕亦
是層層疊疊，夾心裡共有一層濃郁的咖啡餡、兩層巧克力餡，以及一層鮮奶油，
一口咬下去後充滿著豐富無窮的滋味，令人頓時有一種超幸福的奇妙感覺。

　　他們的招牌甜點還包括燉蛋、巧克力泡芙、芒果起司蛋糕、法國起司蛋糕、
意大利起司蛋糕……。如果你是百吃不胖的 Skinny Bitch 體質，那麼何不放縱
一下自己的味蕾，讓它歐洲一下呢！

　　榮記牛雜（Wing Kee Beef Offal）── 這間牛雜店有七十多年的歷史，傳承
了祖兒孫三個世代的交棒經營，雖然只是小小的一間店面，沒有堂食只能外帶，
卻是澳門頗有名氣的牛雜店之一。

　　在它店門外的廣告燈箱中，還有前澳首何厚鏵大駕光臨，品嚐牛雜與魚蛋
的新聞照片，再透過網路饕家們口耳相傳的加持，當然就成了另一間需要大排

長龍的必吃景點！而且榮記的隔壁就是前面才介紹過的人氣蛋糕店潘威記，這兩家澳門美食並肩作戰，讓我的身材想不變成「圓柱民」也很難！

榮記的牛雜種類千奇百怪，如果你是個百無禁忌的食客，那麼從牛肚、牛肺、脆皮腸到牛天梯（氣管）……應有盡有。每一份牛雜餐盒裡，還會送上古早味的悶白蘿蔔，伴以芥蘭、生菜和麵條，享用前還可淋上個人喜好的芥末、辣油或醬汁。

在冷風颼颼的旅行中，來上一份氽燙入味的牛雜，我的身子頓時暖和了起來，再配上一瓶榮記自製的涼茶，總算讓我體會到小時候長輩們所形容的那種懷舊澳門古早味。

大利來記咖啡屋（Cafe Tai Lei Loi Kei）── 忘記是誰說過「來到澳門沒吃到豬扒包，就等於沒去過澳門」，這是什麼跟什麼呀？好像許多觀光城市都有這種

老掉牙的標語？不過身為吃貨的我，還是忍不住在下午三點半之前，跑到了巴波沙總督街的大利來！

因為，那是他們每天唯一的麵包出爐時間！而且只烤一爐、出爐即賣、賣完為止，錯過時間只好明天再來囉！大利來豬扒包的特殊之處，在於它的麵包是由老式的灶台柴爐所烤出來的！因此才會有很歐式外脆內軟的質地。內餡部分則是用醃製過的帶骨豬扒肉，油炸成香酥鬆脆的金黃色，肉質非常鮮美有彈性。

不過，聽說這兩年的大利來豬扒包，已經和我前幾年吃過的口味有所差別，尤其是麵包部分不再是用脆脆的歐式麵包，而是改成一般的漢堡餐包或菠蘿麵包，讓許多吃慣老澳門口味豬扒包的饕客大失所望。

　　皇冠小館（Wong Kun Sio Kung）── 水坑尾街的皇冠小館雖然又小又不起眼，但卻是許多旅遊書或食評網常推薦的餐廳，因為它除了有海產還有許多竹昇小吃，諸如：竹昇雲吞、蝦子竹昇麵、水蟹粥……都是港澳網民推薦的米其林級「國民美食」。

　　根據文獻的記載，「竹昇麵」其實就是「竹竿麵」之意，因為它是使用竹竿所壓製出來的手工麵食，通常麵糰部份是以雞蛋或鴨蛋及鹼水為原料，經過反覆碾壓而製作出這種 Q 彈的全蛋麵，因此亦被稱為是擔桿麵或銀絲麵。

　　聽說早期港澳、廣東及廣西地區的竹昇麵師傅，是坐在一桿大竹竿的一端，利用類似翹翹板的槓桿原理，反覆用力坐壓竹竿來壓揉另一端底下的麵團，直至壓薄後才切成麵條或餛飩皮。

　　我在皇冠小館點了蝦子竹昇麵和油炸竹昇雲吞，竹昇麵的麵身白淨淡黃，倒是沒有我想像中的那種鹼水味，我還以為會有類似台灣鹼粽的那種嗆味。當老闆親自捧著蝦子竹昇麵送來時，我還鬧了一個大笑話……因為我用筷子翻了半晌，就是找不到半尾「蝦子」呀！

　　那位老闆才笑笑地告訴我，竹昇麵上灑的那些紅棕色的粗顆粒就是蝦子呀！原來所謂的蝦子並不是指蝦米或蝦仁，而是蝦的孩子「蝦蛋」啦！那回我還真成了個土到爆的吃貨！

　　誠昌飯店（Casa de Pasto Seng Choeng）─ 由於皇冠小館的價位並不如想像中的平民化，因此我並沒有品嚐他們的水蟹粥，反倒是吃了官也街上誠昌飯店的水蟹粥。因為根據內線消息……唉，其實是我在當地小吃店遇過的幾位老人家透露的啦！誠昌飯店的水蟹粥是採用珠江口鹹水與淡水交界處，所盛產的膏蟹、肉蟹和水蟹三種蟹的精華，所慢火熬出來的人間美食！

追著太陽跑，
一頭栽進去用力戰勝自己！

因此，我才會冒著膽固醇過高，被家庭醫師責罵的風險，去嗑了一碗誠昌的水蟹粥！它看起來並不是很起眼，白色略帶金黃的細粥裡撒了些許蔥花，粥裡有著半個蟹蓋和一支蟹鉗，蟹蓋裡還有些許淺黃色的蟹黃。雖然賣相和一般的海鮮粥品相去不遠，不過入口之後卻有一種很雋永的綿密海鮮甜味。

有些人可能會覺得它的「蟹味」並不夠濃郁，但我個人倒不是很追求那種腥腥的蟹味，反倒喜好那種當海產熬成天然甜味的鮮美口感，因為那樣才有「媽媽的味道」！誠記的招牌菜還有金沙大蝦、椒鹽田雞、酥炸墨魚球或鯪魚球，迷戀海鮮的饕客不要錯過那些來自珠江口的美食呀！

原本還以為我的澳門之行，只是一次追溯童年印象與懷舊美食的旅行，卻也意外發現在那片小小的舊殖民土地上，竟然有著好幾處被聯合國教科文組織，列為是世界文化遺產的美麗古蹟，不禁讓我對這個素有亞洲賭城，或東方蒙地卡羅之稱的半島又另眼相看了！

當然，最難忘的還是那些東方與西方文化碰撞後，所傳承下來多元化的澳門特色美食！

後記

憂鬱，
原來不是一種鄉愁

二〇一三年秋末，我的家庭醫師為我做了一個重大決定——今年冬季停止服用 St John's Wort 吧！

剛開始，我還有些抗拒，甚至沒有信心能完成他的期望，還不斷懷疑地問自己，我真的可以不靠藥物撐過漫漫長冬嗎？要是我的胸口又再浮起那種空心的感覺，無力起床、沒有心思創作、不想接觸人群、不在乎人生的目標……那種「內在能量危機」又回來的話，我該怎麼辦？

留著一臉落腮鬍的他，淺淺地牽了一下嘴角，然後認真地凝視著我：「這個冬季，試著去完成一個人生計劃吧！一個你一直以來都想追求的夢想，或是一個你曾經未完成的目標。然後，一頭栽進去用力朝著那個夢想與目標奔跑。」

回到家之後，我一直捫心自問，我曾經極欲追求的夢想與目標是什麼？我拉開書桌的抽屜，翻閱著這些年來撰寫專欄與專題報導時的幾本「靈感記事本」，希望能從過往手寫的筆記中尋找到什麼蛛絲馬跡。

然後，我無意間翻到兩頁夾在記事本內對折的 A4 紙頭，上面信手抄著十多個關於太空人、太空船和太空站的英文專有名詞，旁邊還用紅筆寫著一行中文字——

海拔那麼高的太空站，能不能發生什麼密室謀殺案？？？

那行打了許多問號的中文字，還被紅筆用力畫了好幾個圈。我突然想到，那是年初觀賞加拿大太空人「克里斯・哈德菲爾（Chris Hadfield）」，在 ISS

國際太空站直播艙房導覽的影片時，我所隨手記下的一些航太名詞。當時我還突發奇想，那麼酷的太空站要是寫成推理小說的命案場景，一定炫斃了吧！？可是看完太空站的直播之後，我幾乎忘記曾經有過那麼個靈光乍現的好點子。

為什麼我沒有去實現？為什麼沒有寫出那本發生在太空站的密室命案？

我重新將自己浸淫在各種航太科技的紀錄片、六大太空總署的資料、太空人培訓的紀錄影片、追看俄羅斯太空船發射時的轉播、瞭解 EMP 武器的構造與原理……然後，很熱血地寫出了小說的故事大綱，也逐步設計出命案中的各種詭計與謎團！

一轉眼，那年的冬季就那樣不知不覺飛逝了！我的心思卻沒時間去惦記 S. A. D. 會不會發病。當下一個冬季再度來臨時，我早已醉心於要完成那本推理小說，並且在「第四屆 Kavalan 島田莊司推理小說獎」截止前的十多天，將書稿越洋快遞到主辦單位。

那本推理小說就是後來決選入圍的作品《熱層之密室》，也許應該稱它是──終結我冬季憂鬱症的臨門一腳吧？

當我站在頒獎典禮的舞台上，從島田老師的雙手接下那一座水晶獎座時，我的臉上雖然掛滿自信的笑容，眼眶的背面卻有兩行淚不斷往內心倒流著。

我真的戰勝了自己！

戰勝了折磨我近五年的 S. A. D. ！

戰勝了我認為是知心好友身亡後無止盡的低潮期！

戰勝了我誤以為是累積多年的思鄉病所爆發出來的抑鬱！

戰勝了那個讓朋友們誤會我不合群、反社交、陰陽怪氣、足不出戶的冬季憂鬱症！

今年，我安然度過停止服用 St John's Wort 的第三個冬季。回顧從二〇〇七年到二〇一二年，那些追著太陽跑尋訪陽光燦爛城市的旅程，剛開始或許是一種逃避的行為，但是我卻在一次次的旅行中看到了萬物存在的價值。

我從卡加利牛仔的身上，學到了沒有什麼不能克服的競賽；在北美原住民的文化中，看到了堅韌的生活態度；從亨廷頓夫人的一生，得知人生沒有永遠的不幸；與法語區的魁北克人交流後，瞭解了為什麼要堅持自我本質。

而認識韓國的歷史背景後，更體會到為什麼他們亟欲追求成功；在峇里島的旅行中，見識了人心可以如此善良樸實；在洛磯山脈的雪峰之下，認清了自己的微不足道；置身於哥倫比亞冰原上，也體會到身處於時間洪流中，無論是多麼強壯與巨大的物種，生命仍然會稍縱即逝……

當我將那一盞用了近五個冬季的 S. A. D. 太陽燈，深鎖進地下室的儲物間時，我告訴自己再也不要像一盆植物似地，自怨自艾躲在屋內行光合作用，而是要咬緊牙關走出大門，跨越內心深處的那道北緯三十度線，才能從他人他事尋找到生活的營養元素。

有了足夠的心靈養分，每個人都可以點亮自己心中的燦爛陽光！

釀生活28　PE0110

追著太陽跑，一頭栽進去用力戰勝自己！

作　　者	提子墨
責任編輯	盧羿珊
圖文排版	王嵩賀
封面設計	蔡瑋筠

出版策劃	釀出版
製作發行	秀威資訊科技股份有限公司
	114 台北市內湖區瑞光路76巷65號1樓
	電話：+886-2-2796-3638　傳真：+886-2-2796-1377
	服務信箱：service@showwe.com.tw
	http://www.showwe.com.tw
郵政劃撥	19563868　戶名：秀威資訊科技股份有限公司
展售門市	國家書店【松江門市】
	104 台北市中山區松江路209號1樓
	電話：+886-2-2518-0207　傳真：+886-2-2518-0778
網路訂購	秀威網路書店：http://www.bodbooks.com.tw
	國家網路書店：http://www.govbooks.com.tw
法律顧問	毛國樑　律師
總 經 銷	聯合發行股份有限公司
	231新北市新店區寶橋路235巷6弄6號4F
	電話：+886-2-2917-8022　傳真：+886-2-2915-6275

出版日期	2016年12月　BOD一版
定　　價	360元

國家圖書館出版品預行編目

追著太陽跑,一頭栽進去用力戰勝自己! / 提子墨著. --
一版. -- 臺北市：釀出版, 2016.12
面；　公分. -- (釀生活；28)
BOD版
ISBN 978-986-445-169-2(平裝)
1.遊記 2.世界地理

719   105021290

讀者回函卡

感謝您購買本書，為提升服務品質，請填妥以下資料，將讀者回函卡直接寄回或傳真本公司，收到您的寶貴意見後，我們會收藏記錄及檢討，謝謝！如您需要了解本公司最新出版書目、購書優惠或企劃活動，歡迎您上網查詢或下載相關資料：http:// www.showwe.com.tw

您購買的書名：＿＿＿＿＿＿＿＿＿＿＿＿＿＿＿＿＿＿＿＿＿＿＿＿

出生日期：＿＿＿＿＿年＿＿＿＿＿月＿＿＿＿＿日

學歷：□高中 (含) 以下　　□大專　　□研究所 (含) 以上

職業：□製造業　□金融業　□資訊業　□軍警　□傳播業　□自由業
　　　□服務業　□公務員　□教職　　□學生　□家管　　□其它＿＿＿

購書地點：□網路書店　□實體書店　□書展　□郵購　□贈閱　□其他

您從何得知本書的消息？

　□網路書店　□實體書店　□網路搜尋　□電子報　□書訊　□雜誌
　□傳播媒體　□親友推薦　□網站推薦　□部落格　□其他＿＿＿＿＿

您對本書的評價：(請填代號　1.非常滿意　2.滿意　3.尚可　4.再改進)

　封面設計＿＿＿　版面編排＿＿＿　內容＿＿＿　文／譯筆＿＿＿　價格＿＿＿

讀完書後您覺得：

　□很有收穫　□有收穫　□收穫不多　□沒收穫

對我們的建議：＿＿＿＿＿＿＿＿＿＿＿＿＿＿＿＿＿＿＿＿＿＿＿＿

＿＿＿＿＿＿＿＿＿＿＿＿＿＿＿＿＿＿＿＿＿＿＿＿＿＿＿＿＿＿＿＿

＿＿＿＿＿＿＿＿＿＿＿＿＿＿＿＿＿＿＿＿＿＿＿＿＿＿＿＿＿＿＿＿

＿＿＿＿＿＿＿＿＿＿＿＿＿＿＿＿＿＿＿＿＿＿＿＿＿＿＿＿＿＿＿＿

11466
台北市內湖區瑞光路 76 巷 65 號 1 樓

秀威資訊科技股份有限公司　　　收

BOD 數位出版事業部

⋯⋯⋯⋯⋯⋯⋯⋯⋯⋯⋯⋯⋯⋯⋯⋯⋯⋯⋯⋯⋯⋯⋯⋯⋯⋯

（請沿線對折寄回，謝謝！）

姓　　名：＿＿＿＿＿＿＿＿＿　年齡：＿＿＿＿　性別：□女　□男

郵遞區號：□□□□□

地　　址：＿＿＿＿＿＿＿＿＿＿＿＿＿＿＿＿＿＿＿＿＿＿＿＿＿

聯絡電話：(日) ＿＿＿＿＿＿＿＿＿＿＿　(夜) ＿＿＿＿＿＿＿＿＿＿＿

E - m a i l：＿＿＿＿＿＿＿＿＿＿＿＿＿＿＿＿＿＿＿＿＿＿＿＿